生命，因閱讀而大好

女子力不是溫柔，是戰鬥

劉冠吟 著

推薦序

人間寶貝

——張曼娟

我在News98做廣播節目已經超過二十年了，和電台同事們的相處和諧，她們會在我因為照顧行程而耽誤飲食時，默默送上好吃的點心和水果；也會在我生日時準備蛋糕給我驚喜和感動，可多半的時候，就是一種花自飄零水自流的狀態。見面時微笑打招呼，然後各自做自己的事。

然而，成為節目固定來賓的《小日子》社長劉冠吟出現的時候，一切都不一樣了。

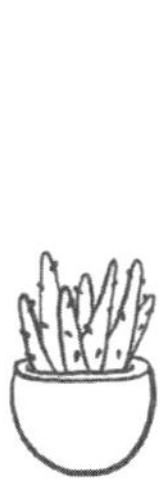

雖然我坐在電台一個角落準備資料，卻可以感受到另一頭像浪潮一般漫開來的興奮，一陣陣的熱烈歡樂，瞬間點燃電台，不用抬頭就知道，社長來了。社長的個子不高，每次出現都氣場十足，她的下巴微微仰起；身後跟著的是總店長牛牛，牛牛挾抱著乖巧可愛的博美狗有春。大家搶著逗弄有春，跟社長聊天，討論她的穿著或髮色。雖然她才出現幾次，已經像是電台的一份子，完全圈粉同事們。不僅是電台同事，還有我的小學堂夥伴們，以及臉書上的一眾好友，不斷被圈粉，不是嚷嚷著「社長真有趣」；就是「罵罵（冠吟的女兒）好可愛」；近來更加上了「有春實在甜美」，隔著人群向她望去，我知道自己的雙眼也綻放光采，對於她，我沒有嫉妒，這個複雜深邃的女人，讓我著迷。

明明是台大中文系高材生，她做過的事卻都很不中文，像是鴻海發言人，而她接下文青雜誌《小日子》，並且經營出閃亮亮的生活品牌，才是真正令人刮目相看的。她為自己創造了傳奇，也有一些巧遇傳奇了她的人生。最平易近人又溫暖的故事，就是撿到一隻重病被棄養的博美，在她的悉心照顧下，成為人見人愛的「有春」。每次冠吟來上節目，都帶著有春，牠趴在小桌台上看著我們對談，時而嗅嗅我的手，時而轉身用充滿愛意的目光凝望著冠吟媽咪。這樣人見人愛的毛小孩（以下省略關於有春的8314個字描述），其實是冠吟流了多少眼淚，花了多少精力與醫療費，多麼堅強的意志，才能拉拔起來，成為她的狗，她的新家人。不只是有春，許多她在做的事，也都是這樣不計後果的付出，傾盡全力的熱愛，才能成就的吧。

冠吟是讓我發笑最多的來賓，常常笑到無法遏抑，流出眼淚來。而她總是可以收放自如，迅即回到正常狀態，我感到她的精準和冷靜。因為詼諧，我們的對談也是相當受歡迎的專題，她如果不當發言人或文化人，應該可以成為脫口秀女王。許多人看見的或許是她狂放的一面，我看見的是她的謹慎與自制。哪怕是她在養傷養病的時間，也上網去認真聆聽了許多廣播節目，在不經意中告訴我，哪位來賓的語言意涵與魅力是最強大的。

我和冠吟每個月在廣播時見上一面，平常的日子各過各的，算不上蜜裡調油的朋友，可是心裡知道，有需要的時候，會有彼此。而我極其幸運的，有時還能分享到阿霞姊（冠吟媽媽）的好手藝，那是我吃過最美味的客家菜（限於篇幅不得不痛刪關於「梅干扣肉」的6729個字描寫），於是暗中懷疑，擁有精湛廚藝的母親，更可能培養出優秀的兒女？

因為每個月只見一次，又是在廣播節目裡，因此，對於冠吟這幾年的遭遇，種種細節，不是那麼清楚。讀著書中她的經歷，尤其是流產後撞傷了頭，在醫院狂奔，不願照X光，只因為執著體內有胎兒那段，真是令我揪心，淚流不止。這是她，也是許多女人都擁有的類似心情吧。

我有時提起初初見到冠吟時，在某個活動結束後，懷著罵罵的她顯得疲憊，緩緩走過來與我致意。當時我心裡想，這個女人應該很能幹，但看起來實在無趣。「那時候我真的以為你是個無聊的人ㄟ。」我故意加強「無聊」兩個字，她深受刺激，睜大眼睛快要崩潰：「竟然覺得我無聊？」無聊，大概是她最無法忍受的生命狀態了，也是與她最無關連的詞彙。

因此，《女子力不是溫柔，是戰鬥》這本書中處處都是精采，絕不會有無聊的閱讀感。在書中她梳理了家庭教養對人產生的巨大影響，也回顧了自己的成長，對於父親、母親、姊姊、丈夫、女兒甚或是有春的溫愛，溫柔動人。除此之外，便是做為女人的覺知與戰鬥，哪怕是在性別意識已大幅提升的二十一世紀，女人一旦有了性別的覺知，便會明瞭，唯有堅持與戰鬥，才能過著想要的人生，成為真正的自己。

在創作的過程中，她曾經問我：「會有人喜歡這本書嗎？」我對她說：「寫你真正想寫的，就會是讀者想看的。」《女子力不是溫柔，是

戰鬥》，是冠吟的第一本書，這是真誠而深刻的女人生存戰鬥手冊，給披甲上陣的女人激勵；也給即將卸甲的女人慰藉。做為一個忠實讀者，我已經開始期待，她的下一本。

電台的另一頭浪潮又起，我知道，他們來了，牛牛是人，有春是狗（這是我對他們的介紹詞），而走在前面那個臉上帶著微笑的，是人間寶貝劉冠吟。

推薦序

母性堅強的閃亮社長

這位公司老闆和孩子的媽，很強大

——黃威融

我認識冠吟社長的時候，是我拋下《小日子》這本雜誌的幾年之後，我們的相遇，對我來說是極為重要的心理治療和中年修鍊。

當年的狀況大概是這樣：我和幾位好友在二〇一二年四月共同創辦了《小日子》，因為對於公司經營的期待落差頗大，負責編輯內容的我，選擇在二〇一二年底離開。隔了一段不算短的時間，我跟《小日子》處於「實體分離，內心牽絆，不知如何是好」的尷尬期，某一天，

從未見過面的新社長跟我連絡，要請問我編輯工作的事。

我們見了面，關於編輯的事應該談了很多，但是我記得的很少；剛接手《小日子》經營的她，快人快語，形容我是個「拋家棄子」的生父，不管我在外面又創造了幾個小孩（總編那些年參與了誠品書店免費月刊提案，忠泰美術館ＡＡＡ的創刊），能不能花點心思回來看看《小日子》這個小孩。

如今回想，是冠吟社長這番話，創造了一個聯繫通道，讓拋棄孩子的我，找到跟親生骨肉相聚的勇氣。當年想要創辦新雜誌的我，雖然有強大的內容創作和編輯熱情，但是欠缺實際持家的本事，簡單說就是孩子生出來，但是下個月的水電費根本不知道在哪裡，孩子的確很可愛，但是根本不知道能夠長多大。

這些年大家最常介紹我的方式，喜歡稱呼我是《小日子》的創辦人，但是我一直覺得這不應該是我該占據的美名，我和當年幾位夥伴只是把這個孩子帶到這個世界，真正撫養它長大、把屎把尿陪伴它、深夜發燒跑急診、小學運動會參加親子活動的家長，是一肩扛起養育重責的冠吟社長。

感謝母性強大的劉社長，一下子就看穿「無法從一而終」的創刊型總編生父的心理障礙，像我們這樣怯於承擔的生父，就算很愛這個小孩，卻不知如何表達關懷，只能選擇遠走，默默地一個人深夜獨酌，就算喝掉半瓶威士忌或高粱，只能無言淚流。

後來我跟閃亮社長劉媽媽發展出一種分工模式，拋家棄子既是事實，不必也不可能破鏡重圓。身為流浪遠方、心中有愛的生父，趁著孩子寒暑假的空檔，回家陪伴小孩作功課（題目討論會議），以不熟的家長身分帶它們出門課外教學（展覽導讀），看到小孩們閃耀的眼神、喜悅的笑容，更讓沒有善盡養育責任的生父，感到無比愧疚。

世界上有很多擺爛生父的家庭，幸好有強大的母親，日子不僅可以過，還活得挺好。《小日子》嬰孩時期是這樣，感謝這個小孩遇到冠吟媽媽，挽救了我這個不才生父闖的禍。

至於為何我喜歡用「閃亮」形容她，而非美豔、聰慧這些更明確的人物特質，我想是因為在孩子心中的媽媽，都很美，都很聰明，都很溫暖，更重要的，是媽媽帶孩子看到未來人生的幸福模樣，閃閃發亮。很高興認識閃亮社長，很慶幸《小日子》有你這個閃亮媽媽。

目錄

—推薦序— 人間寶貝……005
—推薦序— 母性堅強的閃亮社長……011

輯一 女子的戰鬥

女人為什麼要受限於兩性的框架?生為女人,需要的是挺身前進!

女人的規格……022
別害怕焦慮,因為你會一輩子焦慮……028
讓自己美麗,也是一種能力……036
Like mother, like daughter……044
直到我失去了什麼……070
溫柔的浮萍,漂流的女子們……088

輯二 女子的韌性

從女孩到女人，從女兒到母親，女人的韌性超乎你的想像。

變成媽媽以後……094
快樂媽媽的聚會……106
自我流育孩術……114
為什麼你是我媽媽？……124
單眼皮……130
真實的陪伴……134
刺蝟和牡丹……138
女兒與公主病的距離……146

輯三 當別人說你不可以

標籤這種東西，別人可以貼上去，你就可以撕下來！

沒有所謂的白費力氣……156
當別人說你不可以……164
那些不會問男人的問題……172
擁有自己的錢……180
職場厭女症……188

輯四

女子的人生路

孤身進荒原，安然而退也是一種勇敢。

手無寸鐵的荒涼……198
最難的學分……208
自己的舞蹈……212
人脈不是裝熟……216
把每天都活成春天……220
沒有遺憾的閃亮回憶……224
月光寶盒……228

CONTENTS

義無反顧的自己……232
一後記一　完美很無聊……239

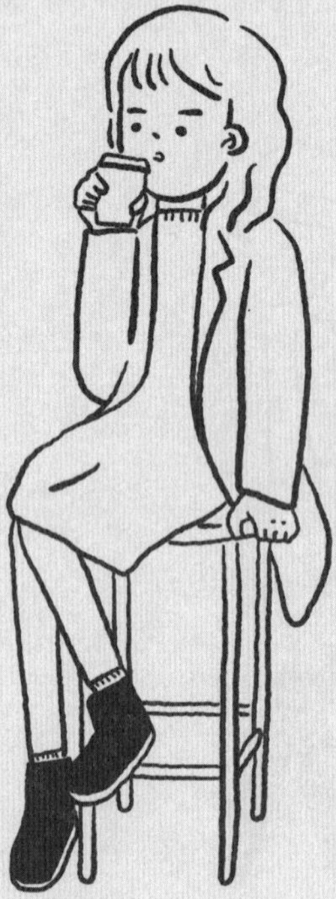

| 輯一 |

女子的戰鬥

女人為什麼要受限於兩性的框架？
生為女人，需要的是挺身前進！

女人的規格

日前接受專業商業媒體採訪，當期我入選了年度百大專業經理人，媒體團隊相當專業地擬好訪綱，派來做了萬全準備的文字記者跟經驗豐富的攝影師，就在我們的店裡聊了一下午。最後要拍照的時候，我開玩笑地對攝影師說：「拍完幫我修一修喔，要看起來超漂亮。」

嚴謹認真的攝影師聽了這個要求，仔細地端詳我的臉，然後說：「好，我會把你的臉頰往上推，臉寬度修窄一些，牙齒調白，然後眼睛再放大，眼白顏色白一點。」我一聽大驚，平時沒仔細做研究，原來以專業標準來說，我的臉這麼多瑕疵，是一張完全不符合規格的臉。

你喜歡自己的身體嗎？

我這個人最大的優點，就是把別人的評論當耳邊風，但這個優點並不是一蹴可幾，是經年累月才修鍊而成的。交往最久的男友，在某年生日卡片裡面有一句：「冠吟寶貝真是什麼都好，只是腿有點壯。」年少氣盛的冠吟寶貝看了真是無限火大。我自小就是田徑隊，然後又參加足球隊，跑得很快就不說了，射門準頭也超優秀，勳章是我的小腿肌非常發達。

話說回來，如果我是男生，會有人跟我說：「你真是什麼都好，只是腿有點壯」嗎？

少女時期對腿壯壯這件事情過份在意，其實上天是很公平的，像我這種愛好運動的人，再擁有纖細的小腿肌實在不合理。流行迷你裙的時期，我會在心裡反覆懊悔，小時候為何要去踢足球呢？我對於腿的不滿意程度與日俱增，連跟男友去泡溫泉（當然是裸體），都為了不要讓男友看到我

的腿而快速手刀跑入池裡，下場是導致自己滑倒在池畔，早知如此何必當初，躺在地上的時候，一直在心裡怪我的壯小腿，小腿真是無辜。

自己在意就罷了，偏偏還有好事者會發表意見。高中時有一次去剪髮，設計師看著鏡子裡我的腿說：「哇，你的腿好壯。」我說：「喔我很喜歡踢足球。」他回了一句：「難怪把腿都踢腫了。」入社會工作以後，有一次穿著五分裙出門採訪，當日共事的攝影師拍完受訪者以後，跑來跟我說：「你以後不要再穿短裙了，你不適合，你不是×××（我的另外一個同事），她的腿才美。」

不管是高中的我，或是初出社會的我，聽了都很難過，我花了好長的時間，才明瞭認同跟喜歡自己的身體有多麼重要。

如果有時光機器，我只想回到過去跟閒雜人等大吼說：關你們什麼事啊！你長得很完美嗎？就算你長得很完美，就有資格對別人的身體指手畫腳嗎？我還想跟過去的自己說：你要喜歡自己的身體，不要讓別人把你的身體產品化、規格化，每個人的身體都長得不一樣，發自內心地愛惜你的身體，因為你就是你。

只有工廠出廠的產品才會長成一樣的比例，生而為人，有趣的就是我們高矮胖瘦粗細都不同，五官氣質也相異。

每個人的身體都美麗

長大成人以後，我交往過一個很在意外表的男友。他本身是個帥氣的男子，有一次他帶我跟他家人一起出去，他的嫂嫂誇我說：「長得真可愛耶。」可能是客套話吧，但該男竟然接了一句：「喔我常常覺得她要是再漂亮一點就好了。」或是他有時候會深情地看著我，真誠地說：「你應該要再瘦個十公斤左右。」但當時我才四十幾公斤，再瘦十公斤，我的人生到底要往哪裡去，紙資源回收場？

關於外表的評論真是族繁不及備載，這是一個過度放大女性外表、對女性充滿敵意的社會。生而為女性的眾生應該都有感覺，我們這個社會對女人的關注實在太多，我們被選擇、被定義、被詮釋，連尺寸都被規範。生而為女，我們要學的第一件事情就是先漸漸把物化女性的種種評論當成耳邊風，第二件事則是，真實且確實地喜歡著自己。

稍微有點名氣以後，我常在媒體報導上出現，有一次網友在我的報導底下評論：「是普妹。」看到這種評論我都想大喊一聲，這位路人你等等！我做的事情跟我的外表有什麼關係啊？難道身為女人，我的外表就要接受公評嗎？

身為女人，一點也不容易啊。成長過程中每次面臨這個狀況，就會忍不住想，如果我是男生，你會那麼仔細地看我的外表嗎？即使是相貌這麼不精雕細琢的我，老實說，異性緣一直都很好。生而為女如此不易，但還是有容易的路可以走，只要你相信，真正的美沒有規格，其實也不必符合社會上別人設定的任何規格，不必有雙眼皮、不必有大胸部、不必有鉛筆腿，不必去迎合任何尺寸的喜好。

美的定義，本來就建築在每個人天生的身體上。應該要注重健康，應該要瞭解自己身體的強弱，知道怎麼吃會讓自己的氣色更好，應該要定時運動，應該要做自己喜歡的打扮，隨著心情的狀況調整妝容濃淡，隨著你喜歡的風格決定頭髮長短，你要讓自己覺得自在，因為當你委屈自己，彆扭的氛圍會讓所有你想追求的美灰飛煙滅。你可以藉由後天的維持讓自己狀態更好，但不用為你天生長什麼樣子感到抱歉，選擇真心懂得你的美好的人來往。如果你的對象喜歡規格化的美，抱歉，這個人不適合你，他應該去選複製的贗品。

我的孩子很愛聽「圈圈兒童」這個品牌的兒歌，其中有一首〈五官〉我特別喜歡，歌詞的大意就是逐一介紹五官的特徵，最後反覆唱著：「這是我的五官，請你要喜歡。」搭配輕快旋律，深深地唱入我心底。青春芳華是美，遲暮亦是美，珠圓玉潤是美，骨感也是美。生而為人、為女已經夠不容易了，如果我們能夠真心地面對鏡子中的自己，而不為難自己，這將足夠支撐著我們，面對外在種種的耗損，而不致覺得自己頹弱。

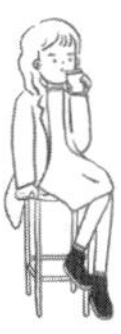

別害怕焦慮，因為你會一輩子焦慮

當我先生聽說有出版社要找我出書談女性觀點的工作、人生、感情等等，他發自內心、一臉真摯地問我為什麼，我說：「嗯，可能因為我很激勵人心吧。」他不假思索地回了一句：「什麼！你是一個很渙散的人耶。」然後就導致他馬上被打倒在地，家庭失和。

當然是開玩笑啦，我先生現在還活蹦亂跳的。

二十九歲那年，我當上鴻海的發言人。不用說在台灣，即使綜觀全球市場，鴻海也是一間超級巨大、航空母艦級的企業體。我不知道我是不是最年輕的上市公司發言人，但我既不是經營者家族成員，也不是學財經出身的，這樣的經歷確實特殊。當時的發言人只有兩位，和現在的發言人公關團隊編制完全不能比，另外一位當時被外派到海外，留守在台灣的我平均每天工時都在十二小時以上。

上任消息公開那天，朋友們紛紛傳訊息向我道賀，我媽媽則顯得有點焦慮，她問我：「你以後有時間休息嗎？」我媽向來是個冷靜的女人，我知道她這個問題下面有許多隱含的意思，包括：你的專業能勝任嗎？（畢竟她知道我是個數學只考兩分的人）你能承受得了壓力嗎？這個工作那麼顯眼，做不好是不是很丟臉？

這些問題，我不是沒有想過，但就像我先生說的，我總是看起來一副很渙散、隨意的樣子。這讓我想到小日子第一間大型店，在華山一九一四文創園區趕施工趕開幕趕得要死要活的時候，我的團隊成員們都有點緊張；認真回想，我的記憶裡只剩下我常常在訂麥當勞外送，在工地吃麥當勞薯條喝可樂，彷彿開一間大的店對我來說是吃麥當勞一樣容易的事情。

以直球對決的態度面對自己

我不是不會緊張、粗線條的人，之所以每次面臨重大關頭都顯得老神在在，是因為在高中聯考那年就已經「看破紅塵」。

我姊姊讀的是第一志願。國中的我，成績也不錯，老師和我父母都覺得我應該也會上北一女吧，我心裡也很期待。我姊是儀隊成員，每次回家的時候都一身綠制服再加上挺拔的儀態，和她一起走路都有風，我覺得她真是既臭屁又欠揍又令人羨慕。

聯考結果出來，從小就是緊張大師的我，果不其然，考得不理想。考前連續好幾個月，我都斷斷續續地緊張到睡不著，連帶著背誦的東西都記不起來，一直跑廁所。那段時間，我無時無刻不在聽台北愛樂電台，因為我聽說聽古典樂會增強記憶力——結果沒有增強任何聯考上的記憶力，只是把台北愛樂節目表背得滾瓜爛熟。

直到現在，我聽到台北愛樂招牌主持人邢子青的聲音，還會覺得胃腸一陣絞痛（邢子青先生我對不起你，你的聲音真的是我人生中聽過最悅耳的，但我高中聯考那時就是真的好焦慮啊）。

考完不是我噩夢的結束，而是我焦慮情緒的各種演出。先是發了一陣子很長的高燒，然後開始無目的在街上晃。我的志願分配到景美女中，我媽看我失魂落魄的樣子，一直考慮要把我送出國當留學生。

家人們針對我失常的狀況熱烈討論了一番，還是讓當時看起來整組壞掉的我去唸了景美女中，理由是這樣就近照顧比較安全，怕我到國外當留學生輔修當小混混。景美女中堪稱我人生中最快樂的日子，校風自由，課外活動多元，我交到了一輩子的好朋友。

日子恢復正常且愉快的節奏後，我定下心來想，為什麼我會變成這樣？是因為太緊張嗎？還是太焦慮？我的答案是，我不只緊張也不只焦慮，我還「不願意承認」，不願意面對這樣的自己。

承認，是一件很重要的事，面對各種情緒都是。就承認你很悲傷，承認你很沮喪，承認你很緊張，承認你很焦慮，承認你害怕失敗，乾脆大方地對自己說，用直球對決的態度。自己跟自己說：「對，我就是這樣。」

我是一個緊張大師，我每次要考試就會拉肚子，跟喜歡的人講話會結巴，我常常把事情做失敗，而且我這次可能也不會成功。再三跟自己坦承，這些都是真的，這些負面情緒存在，失敗的機率很大，真實地在心裡跟自己反覆地說。

與焦慮共處，因為你是你

即使這樣說有點偏見，但，女性確實比男性更容易焦慮，所以職場裡常常會有刻板印象，覺得女性主管比男性管理階層更歇斯底里。有些科學研究指出，男性的腦內分泌易於抑制焦慮情緒。在我發現自己是個緊張兼焦慮大師，又經歷高中聯考那次神經短路的經驗之後，「如何與負面情緒共處」變成我認真鑽研的課題。知覺是第一步，承認是第二步，也是最重要的一步，第三步是自我對話。

僅僅是「向自己承認」這件事，就夠困難了。人有一種自然的趨避性，期待自己美與善，某種情況下會催眠自己，或是過份地激勵自己「你一定可以的！有志者事竟成！」，以避免自己示弱，即使是向內對話，也不會老實。但是，如果自己都無法承認自己，自己都無法理解自己，怎麼期待這世上任何人能理解你，又怎麼期待自己幫自己克服難關呢？

想要自己更好，一定要對自己誠實，真誠地對自己產生憐憫跟關愛的心。因為你是你，就是一個充滿了弱點跟缺點，同時有可愛之處的人。而這些細微的柔弱跟焦慮，只有你自己會知道。有些陋習可以慢慢克服，但像是緊張、焦慮、害怕陌生人、畏懼社交、對挫折極度恐懼、或是你會不停回想人生中某段深深傷害你的記憶……這些事極有可能一輩子都改不了。

那又怎麼樣呢？我到現在仍然是個焦慮大師，在人生的關卡中，一關關地過了，有時順利有時坎坷，我學會與焦慮共處，照顧那個不安的自己。心理學研究顯示，我們一天中會有超過一萬次的自我對話，大部分的人不能察覺向內傳送了些什麼。從「自我承認」這件事開始，這類心理上的自言自語，幫助我有意識地盡量傳送比較寬容的訊息給自己。

「有可能會失敗，但即使是失敗也還好，我知道你很認真。」「你可以哭，流淚會比較舒服，我知道你很難過。」「你能改變的地方都已經努

力了，其他地方你也不能控制，不能控制就不必緊張了。」「要不要再試一次，我知道你不喜歡，但下一次或許能做得更好。」這種如同小孩般的講話方式，是傳遞給我內在的小孩。我能接受這個小孩的一切好與壞。

因為你是你，獨一無二、如此珍貴、可愛又可惡的你，值得你花一生好好陪伴。

讓自己美麗，也是一種能力

在女子的一生裡，總是會遇到被外界判定為靠美色達到目標的女人，或許不是真的很漂亮，而是很有手腕，撒嬌、溫柔、嗲聲嗲氣、散發著性感的情色氣場等等，或多或少都遇過這樣的同性。國小的時候，她可能是被大家視為公主的女生，男生搶著幫她搬重物，但你就算有一牛車的東西，還是要自己搬，說不定還要幫坐在你隔壁比較瘦弱的小珍搬，但公主的椅子總是有人搬，你覺得不公平。

長大一點，這類型女生就會變得更礙眼，一起出去聯誼，只有她被要電話，社群媒體熱鬧的時候，她的按讚數特別多。現在是個連明星都要露毛搏版面的時代，哪怕她只是照片露個眉毛，男生們也為之傾倒。青春期的時候異性緣顯得特別重要，比功課好還不如比有幾個人追，父母通常會對這種事情嗤之以鼻，殊不知，成長過程中的異性緣對女性影響之深刻，遠超乎長輩的想像。

女人本錢真好用

社會對於這類型的女性，大部分嗤之以鼻，其中負面評價也多半來自女性，「嗲精」、「狐狸精」這類的標籤不會少。如果事業順遂，就有耳語說是靠美色上位；如果嫁得風光，就說是以皮相換財富。

這些標籤不僅負面，且都具備類似的主題意識：「以男性為主體，女性是配角。」標準句型是因為她的漂亮，所以使得男性如何如何，女子才能如何如何。女生的漂亮跟魅力是種「副才能」，也是「附加的才能」，上不了檯面，不稱頭，敘事脈絡中總跳過她本身主要的能力，而將重點畫在這個副才能上。

我曾經在其他文章中，提過一位在我擔任記者時期，獨家不斷的前輩，她是一個外型姣好、無論夏天冬天都穿著短裙的女性。有人說她是某建築公司老闆的情婦，有人說她跟營造公司的誰誰過從甚密，甚至說因為她講話特別嗲，所以問事情比較容易。身材好、講話嗲都是事實，但除此之外，我還是注意到她跟其他前輩有很多不同。

記者跑同一條路線久了，難免疲乏或懶惰，有些前輩因為跟受訪者都熟了，所以活動很少出席。一通電話就找得到大老闆，還到記者會現場做什麼？大部分的人都會產生惰性，上述這位美艷的大姊不會，不管是重要或不重要的場合，都看得到她的身影，筆記本寫得密密麻麻。扣掉美麗，她還很勤勞。

事實上，即使我到了文創這個不是男性主權宰制的領域，這樣的女性還是存在，風評依舊很差；應該是說，有人的世界就有江湖，江湖就是會有各式各樣的女人存在，每個人有不同的生存方式。要知道，在複雜的大千世界能夠存活還冒出頭來，不管是男人還是女人，一個人的生存技能不可能只有單項。

當年遇到美艷大姊的時候，我才二十幾歲，現在我都快四十歲了，還是有碰到這樣的類型——一樣是外型姣好的女性。市場上說，她對男性跟女性講話是兩種態度；市場上說，她的合作班底大部分是男生，因為她跟女生都比較處不來。我也吃過這類女性的苦頭，雖然我不喜歡她，但不厭惡她，她所處的行業並不繁榮，不論她用什麼方式，能夠生存下來，只要不害人，在我眼中就算厲害。

我不討厭這樣的女性，即使不是傾國傾城的我，在工作上亦時時體驗到因為長得還可以而嘗到的甜頭，尤其是在前公司那樣以男性為主的結構。女人的本錢好不好用？太好用了啊。用了可恥嗎？既不丟臉也不可恥。皮相跟手腕這類女人本錢，跟外語能力、工作效率一樣，先天上的條件或許造成起跑點的落差，但後天的努力跟維持更是不可少。既然如此，跟其他專長有什麼高下之別？

只要不用來害人，長得美有魅力，身材好有吸引力，讓事情推展得順利，讓人生過得比較順遂，為什麼被認為比較低下？

因為我們仍然覺得自己是配角

「長得美、有手腕，所以使得男人神魂顛倒，因而得到想要的目標」，這樣的敘事觀點，主角永遠是男性，女性必先攻克男人，才能往上攀登。

審美觀是男性的角度，選擇權則跟隨男性的價值觀。我們很習慣把自己當成配角，以男性為第一人稱建構世界。這個邏輯下，有因美貌而勝出的女性，就有因為相貌平庸而失敗的女性，女人們競逐的是男人的目光。

真實的人生跟線上遊戲有幾分相似，容我再說一次，任何一個角色的勝出，不會因為單一個技能就可以活下來，就算有，只擁有一個必殺技的角色一定有相對應的強大弱點，可以暫時勝出，但也無法存活。

相貌出色女子的勝利不會僅僅來自於美麗，其他相貌平庸的女性連人生都平庸，也不是單純因為相貌而已。能夠擁有好看的外在，且穩定地維持體態，是一件令人愉悅的事。令人愉悅不僅僅是因為眾人說你美，而是因為符合你內心那個美的定義。將外貌磨練成一個優點，跟日日練習英語而能進入心中理想的外商公司上班，某種程度上是一樣的努力。

先破除心中男性本位主義的世界觀，才會放下對於公主們、嗲精們的成見。女性討厭女性，是因為我們讓男人成為主角，我們一直覺得自己是配角。成長過程中比賽異性緣，長大以後學習散發刻板的女性魅力，像日系雜誌上面擅長的文案：「讓男性怦然心動的打扮魔法」、「五招讓你躍升為桃花女」等等。

我的外型不出眾，且個性有點粗暴（講好聽點是男孩子氣），身材說不出什麼優點，個子很矮，腿很壯（這在其他文章中我也重點詮釋過了），即使如此，我也沒有想在外貌上精進到哪去，我人生中想做的，只是好好維持著不讓外型突然崩壞而已。在我的少女時期曾學著穿上各式「讓男性怦然心動」的服裝，最後我發現，那樣真的很彆扭；做自己，反而異性緣跟人緣都比較好。

只要你覺得自在就好

做自己聽起來很老套，其實很難。

你知道你穿什麼衣服的時候，會覺得自己最美嗎？（不是別人覺得你最美）大部分男人喜歡的是長直髮，但你知道自己最適合的髮型跟分邊是什麼樣子嗎？那跟臉型、額頭的寬度、整理頭髮的習慣都密切相關，只有你夠在意自己，夠關心自己，才會知道答案。

女人的本錢很好用，在某些時刻，確實讓事情變得輕鬆容易。除了美貌，還有很多種不同的女性化優點，都屬於女性特質的本錢，像是善於溝通感情面、細心溫柔等等。皮相是很容易被標準化的特質，但在我們這一代，可以選擇漸漸放下這些框架，不讓女人味跟美貌揹上邪惡的原罪，自由選擇成為或不成為那樣的女性；這不是正面與負面取向的選擇，而是自在就好。不要用男性的評價框架自己，也不用男性的標準為難彼此。

Like mother, like daughter.

如果人生裡也有個「大眾點評」，我的母親絕對是一個平均得分很高的女性。大眾點評是什麼呢？在對岸很受歡迎的一個ＡＰＰ，點選對象（多半是餐廳）以後有具體項目可以評分，另可以發表其他各式各樣的眉批，也可以看別人的評論。類似這樣ＡＰＰ的評論項目，在女子的人生裡可多了。隨意列舉一下：有沒有結婚？嫁得怎樣？有沒有孩子？持家如何？廚藝如何？幫夫運如何？孩子的發展如何？自己有沒有事業？私人生活經營得怎麼樣？相貌身材維持得怎麼樣？

所有世俗大眾點評的項目

一字排開，我母親沒有得個九十也有八十分。要說什麼拉低平均分數的項目，其一，她嫁了個窮小子，這在世俗眼光中不能算嫁得好，但婚後夫妻感情極好，母親長袖善舞的個性對父親於公於私幫助很多，兩人工作都順遂；其二，母親只生了兩個女兒，沒有兒子，要說什麼大眾眼中扣分的項目，這就是了。

窮小子有多窮？聽父母說，我還是小兒的時候，父親的好朋友到台北來找他敘舊，兩個人要去街上吃碗麵的錢都沒有。如此白手起家，安安穩穩地維持了一個家，把我跟姊姊一路扶持到台大政大，算是激勵人心的故事，在點評項目上雖有缺憾但扣分不大，就像我跟姊姊兩個雖然都是女兒，但算乖巧，世人會說，雖有缺憾，但扣分不大。

兩個孩子裡，我跟母親的個性較像，或許不是比較像，是像到骨子裡。母親的個性好強不服輸，不知道示弱、將自己操勞過度，事事想要追求完美妥妥當當，一想到什麼就馬上做，急急躁躁心心念念，人生裡沒有「等待」這兩個字，不容許別人欺負自己人，絕不靠別人，不允許別人看輕自己。母親是重男輕女的客家人大家族的小女兒，大大小小都做到一百二十分，那股拚勁像要拿什麼證明書。母親其實不用證明什麼，她已

經夠棒了，只是她都不知道。

母親跟女兒的相似，是比基因複製還要神奇的東西，一種難分難捨、亦步亦趨、落在氣質裡、種在腦海裡、飄在空氣裡、你不要都不行的，是夢幻般也可能是陰影般的如影隨形。

我有一次跟幾個男性好友在餐酒館聚餐，酒酣耳熱之際，眾友開起其中一名友人的玩笑。該男十幾歲就跟現在的太太交往，結婚至今四十出頭，眾男問他難道沒有對別的女性動心過，他說：「有是有，但我很克制自己不要外遇，因為我很怕我女兒恨我。」另一男馬上附和：「我很多朋友都是想到女兒才踩煞車不外遇的啊，聽說女兒對爸爸的仇恨值會完全復刻媽媽，但兒子就不會覺得怎麼樣。」語畢，整桌眾男點頭如搗蒜。

我們是這樣學著當女人的

我跟母親相似的多半是優點，但活過了三十餘載，我才發現，不意外，我連缺點也一併再版了。那股逼死自己的勁兒——樣樣要做到滿分的渴望，還有哪怕自己當天心情再不好還是很怕場子冷下來，一定會把自己推出來當諧星——就是我跟我母親。

我的母親廚藝極好，這重要的優點我倒是沒有像到。張曼娟老師曾跟我說：「為了再吃一次阿霞姊（我媽媽）做的梅干扣肉，我自願洗整桌子人的碗。」母親廚藝好也樂在其中，偏偏她對工作也一樣喜好且一樣樂在其中，全職婦女通常會讓家事或餐食輕便一些，但母親樣樣喜好樣樣要做好。我印象中的童年，小學六年加上國中三年，至少這整整九年，她都是每晚至少四菜一湯隔天還帶便當，且菜色鮮少重複。

每次我又有興頭想做什麼事，性子急起來，那個喜孜孜興沖沖急急忙忙，腎上腺素二十四小時飆高的樣子，就瞬間帶我回去兒時我們住的永康街公寓。在樓上的我可以聽到下班的媽媽蹬著跟鞋，穿過整個公園再踏進我們的巷子，蹬蹬蹬蹬地往上爬，手上永遠有用午休時間去傳統市場買的生鮮時蔬魚肉，才能趕時間做出至少四菜一湯。

其實我父親很好養，只要有一碗白飯一點滷肉，再煎個荷包蛋，他就覺得是人間美味，且可以餐餐這麼吃不厭倦。母親對於做菜的堅持，我

想，有部分原因是基於跟父親結婚當時窮困的回憶，於是在往後的日子，把餐餐辦得熱鬧豐盛，在她心中成為一個家的重要象徵。另外一部分原因，可能因為在客家人重男輕女的傳統下，我外公卻偏愛這個小女兒，時時在母親的兄弟姊妹間拿來開玩笑、對我母親說「你爸爸」怎樣怎樣，「你爸爸」如何如何。我母親想要向爸爸證明自己值得這個偏愛，能夠自由戀愛、白手持得起一個家，是一個巨大的倔強。

「母親」對於女兒而言，就是一個女人的模範，一個直接吸收仿效的對象，好的壞的都收，我們就是這樣學習當女人的。母親通常是最直接帶孩子的人，孩子看著母親長大，母親如何裝扮自己，如何評論別人，如何看待自己；母親快不快樂，孩子全知道。

母親其實不用太強大，但母親必須要有讓自己快樂的能力，不然孩子就會直接複製那些永遠打成死結的思維，這輩子要花上三倍五倍的力氣去學習如何打開這個結。

我跟我母親「重版出來」的缺點真真切切。饒舌音樂品牌「顏社」的老闆迪拉胖跟我是學生時代就認識的好友，此人知我甚深。有一次非常低潮的時候找他出來聊聊，他聽了我這個那個天花亂墜無數個煩惱，雙眼直直地看著我，跟我說：「冠寶（我好友們對我的暱稱），這麼多年來，我看著你，你一直都很努力，想做很多事去證明自己很棒、很強，但其實你本來就是一個很好的人了。」

我跟原生家庭感情很密切，但人性是這樣，極度的濃密，就會引發對極度孤獨的渴望。血親是一種弔詭的關係，我們用一生互相餵養對方，有時是感情、有時是毒藥、有時是潛移默化的意識形態、有時是幫助、更多的時候是情緒勒索。緊密的血親關係最上乘的，或是說勒得最緊的，稍不留神就往死裡掐的——一定是母女關係了。

奇妙的母女關係

我最好的朋友之一飛飛，出生在一個「經典」的破碎原生家庭。我稱之為「經典」，是因為飛飛的原生家庭具備了連續劇裡面所有會出現、讓人不悅的家庭因素：飛媽是爸爸再婚的妻子，前妻必然的愛錢，在爸爸死後將遺產火速搬光；飛飛從小目睹爸爸打媽媽，爸爸如同連續劇中亦必然

的擁有不負責任的人格特質以及暴力傾向。

飛飛並不是家裡唯一的小孩，下面還有一個妹妹，妙的是，妹妹在這齣什麼狗血元素都有的連續劇裡，竟然是一個平板角色。通常編劇不會這樣寫，但飛妹完全沒有擁有如同飛飛一樣的喜怒哀樂跟痛苦哀愁，就真的是一個，沒有對白、沒有戲份、沒有承擔，無法同情共感的平板角色。

「我爸打人就算了，但是用拳頭打我媽的眼珠耶，這是什麼打法？直拳打眼珠？」飛飛描述這些畫面的時候，語氣頗平靜。我跟飛飛是大學認識的朋友，聊這些事情的時候，她已經是二十幾歲的成年人了，陳述故事很精確，沒有情緒，跟我講這些，不是抱怨，也不是討拍，只是分享一些個人背景資訊，讓身為好友的我更瞭解她。

即使是面對這樣的爸爸，飛飛的媽媽還是非常努力維持這個家庭——並不是因為經濟因素，飛媽其實是有養家能力的——我們都覺得，應該是為了一些女性傳統的堅持，以及更多的不甘心。

飛飛回憶起她小學六年級，有一次，媽媽要帶她跟妹妹去吃西餐，但臨出門前，飛飛才發現爸爸也要去。飛飛不肯去，飛媽就馬上「倒地大哭，以手捶地，小六生我雙手環抱胸前，冷眼看著我媽在地上扭動」。最後只有爸爸帶著從頭到尾沒進入狀況的妹妹去吃西餐。

到了飛飛的高中時代，各種因素交逼，「我媽身體出事，進了急診室，我爸都不願意簽字，差點活不了，我媽這才死了心。」穿著高中制服的飛飛出席了少年觀護庭，才讓法院結束了這段婚姻。爸爸過沒幾年就因病去世，生活並沒有隨著爸爸的提早登出而好轉，後來飛飛明瞭，自己一切問題的根源，其實不完全來自父親，更可能來自母親。

即便只是暫時丟棄，都是困難的

打出生開始，母女關係就是一種天然的寄生。媽媽說什麼都對，媽媽說錯的一定就是錯。孩子會知道害怕，但無法判斷真實的道理，孩子做很多事情只希望博得媽媽一笑，媽媽眉頭一皺，就像天塌了一邊。這種天然的灌輸跟依賴並不奇怪，就是人生而為動物的天性之一，像水泥灌進模型一樣堅固。小獸沐浴在母愛之中，渴望獲得更多的關愛，藉由情緒賞罰的

訓練，奠基了人格的雛形。

要到了某種程度的社會化以後，小獸們才會發現哪裡有點不對勁，而這番檢視跟掙脫，將是人生中最長最難走的一段苦行。拆解、重組、寬恕、原諒？或是有時候你需要的，只是暫時丟棄這些過去。但母女之間的糾葛何其複雜，即使「只是暫時丟棄」，都是困難的。

我跟飛飛相識十多年，一開始聽她講家裡的事情，多半就是跟著罵一罵。直到近幾年，我們才用一個全新角度，去看待她家裡發生的種種。

飛飛說，認真回想起來，媽媽的情緒總是很差，小學的時候寫生字本一寫錯字就是一個巴掌過來，繪圖本的顏色描出框線外面去，媽媽也往死裡打。小小的她不明白為什麼，覺得自己真是太糟糕，一直惹媽媽生氣，原來把字寫錯跟把顏色畫出去是這樣十惡不赦。要是自己再表現得好一點，媽媽就會開心一點，也會更喜歡自己一點。要得到愛好難，千萬不能犯錯，因為犯錯就不會被愛了。

整個童年都在賣力表現，仍然沒有換得母親的快樂。在這樣的家庭環境下，飛飛還是一路以第一志願畢業，媽媽還是一樣沒有笑容，負面情緒如海浪一波襲過一波，沒有停歇。只要她人生中遇到什麼挫折，媽媽一定第一個跳出來指責她：「一定是你又怎樣怎樣了，現在才會這樣，你從小就是個怎樣怎樣的人，你就是活該，我早就知道你會怎樣怎樣。」

「怎樣怎樣」，可以填進各種想像得到的低下辱罵詞，罵起人來的母親彷彿被什麼邪靈附身，用一些低級的男性貶抑女性的用詞在對付她。當時的飛飛淚流滿面。時隔多年，我們在這樣的對話脈絡中梳理出來，媽媽在罵的其實是她自己，也復刻著那個在罵母親的爸爸。說不出犯了什麼錯的媽媽，在婚姻裡飽受凌辱，卻帶大了兩個不錯的孩子，這個毅力非常人所有。媽媽真的沒有怎樣怎樣，但局面就是如此這般。這麼多年了，媽媽從沒走出去，找不出錯，媽媽只能先扼殺了自己，再一直怪自己，然後怪所有人。

這讓我回想起大學時代飛飛交往的初戀男友，是一個多情的才子，兩人愛得熾熱，但男生的熱情來得快去得也快。他生日當天，偷偷跑出去跟學妹廝混，飛飛好不容易捧著蛋糕找到了他，男生回說：「可是我在忙耶。」飛飛問說：「那蛋糕怎麼辦呢？我等你吧？」男生回了一句：「蛋

糕就丟掉吧。」

那天飛飛不知道徒步走了多遠，邊走邊哭，見到我的時候雙眼已經哭成鹹蛋超人，口中一直喃喃重複：「為什麼他這樣對我？為什麼？我怎麼了？」

一般女子發現男友在跟學妹廝混，鐵定大鬧一場，換作是我應該已經把男生打到五官移位，飛飛竟然直接哭崩，然後把問題矛頭指向自己，負面能量跟方向完全衝著自己來，那個可憐跟矛盾的場景，我至今無法忘懷。

原生家庭的深切影響

飛飛出社會工作一路順遂，這不意外，她本來就是一個工作能力很強，責任感過大，又深怕讓任何人失望的人。讀書時代的午餐時間一起吃飯，她一定都會先問我要吃什麼；總是亂吃且沒意見的我說不出什麼來，然後她再婉轉說附近有一間什麼好吃的，要不要一起去呢？即使對親密好友，她都是把自己放在後面。

這幾年遇到一個很賞識她的老闆，飛飛很盡力在工作上表現，擔下了超載的工作，但是老闆的這份賞識這份愛，其實很沉重。老闆本身是一個很有才華但工作能力平庸的人，同組同事們又一個比一個笨，成事不足敗事有餘。為了老闆的這份賞識，飛飛拚了命似的在工作，其他同事留下的爛攤子、趕不到的死線、看起來不可能的案量，全都完成了。老闆不吝表現對飛飛的欣賞，總是在大家面前誇她，對她特別好。

這樣共事了三年，到了第三年打考績的時候，飛飛意外得知同組的笨蛋同事阿花——一直在闖禍的那個阿花——考績竟然比飛飛還好，飛飛就崩潰了，找老闆質問。實際上，那公司有個不成文的濫俗，考績是用輪流的，連續得了兩年好成績的飛飛，這一年輪到承擔爛考績。這樣的濫俗，很多老派公司都有，公家機關尤甚，考績流於形式。

考績用輪流的，是很常見、許多人都麻木的事，稍微解釋一下，成年人都能懂。偏偏感情用事的老闆一被質問，口氣也不好，跟飛飛兩個互相指責對方，原本三言兩語就能解開的事，變成一場劇烈的感情相互勒索。

在職場上彼此依賴的兩人，兩敗俱傷，老闆馬上提出要調單位，過沒多久，飛飛就辭職了。

事發當時，我還在國外渡假，一回到台灣，飛飛就奔到我家狂哭，絮絮叨叨地說著此事，唸著阿花憑什麼考績比她高，老闆憑什麼怪罪，她怎麼都想不懂，眼睛又再度變成鹹蛋超人。在職場打滾多年、什麼險惡場面都看過的我，一聽就覺得這個劇情也太簡單，簡單到讓我疑心大起。不過就是個考績用輪的爛習俗，通常老闆會私下按捺幾句或包個紅包就沒事了。這麼簡單的邏輯，一向聰明的飛飛會不懂？

「你真的很在意考績這件事嗎？老闆不是跟你說這是用輪的？而且你已經輪了兩年的領先耶？」我問，坐在沙發上哭到脫水的飛飛說不出話。「而且像我們這種工作能力好的人，自己都很清楚，不太需要考績這種東西吧，大不了換間公司就是了。」脫水的飛飛還是說不出話。我太瞭解她了，她在意的才不是考績甲乙丙，而是老闆的愛，那份她人生中少有的相濡以沫。

相濡以沫，按照教育部的百科：「泉水乾涸，魚兒以口沫互相潤濕。語出《莊子．大宗師》：『泉涸，魚相與處於陸，相呴以濕，相濡以沫。』比喻人同處於困境，而互相以微力救助。」在職場上賴以生存的這兩條魚，老闆依賴的是她的工作能力以及對老闆才華的仰慕，飛飛依賴的是老闆對她的喜愛及倚重，那種沒有她不行、就你最懂我的感覺。原本不應該發酵成這樣的職場上下屬關係，卻因為各自踩到個性的殘破處，雙方都痛得撕心裂肺。

於此同時，飛媽那端也沒閒著，同樣上演情緒勒索、指責、破口大罵、哭泣的無間道，舉凡房子漏水跟鄰居間的修繕問題、自己的腿拐到看醫生、飛飛要多久回去吃飯一次等等，都可以輪播一次上述戲碼。

直到與老闆的狀況同時發生，飛飛再也承受不下去了，傳訊息給媽媽將從小到大憋在心裡從沒講過的話全盤托出，從生字簿、插畫本一路細數成長中的種種創傷，訊息的結尾是：「我沒有忘記這一路上，你是怎麼對我的，所以現在要演母女情深那一套，很抱歉，我做不到。」

與媽媽斷了聯絡的幾個月後，到了農曆過年，左思右想許久的飛飛，還是提起勇氣，帶著禮盒跟紅包回去。結果，回到老家，電鈴沒裝上、電

話無人接聽，無法上樓的飛飛打手機給平板角色妹妹，叫她把電鈴跟電話裝回去。

上了樓，四十坪的老華廈，被飛媽跟飛妹堆東西堆到連一個站的地方都沒有。那麼久沒見了，兩人還是一見面就開演老戲碼，飛媽不需要暖身就可以登場，再度數落飛飛都不回來陪她、不顧家、忘恩負義、不惜福、以後會有報應等等。這齣家庭爛戲的結尾是飛飛大哭奪門而出，找了一間過年期間幸虧還有營業的小火鍋店，一邊哭一邊吃。

辭去工作後的飛飛，幾度出國旅行，去一些自己去過、熟悉也喜歡的地方，也去一些從未去過、但心嚮往已久的地方。我三不五時就在手機裡收到飛飛的旅遊照片，冬日大雪中包得像熊的她，熱帶國家中盡情享受美食的她，坐著電車漫無目的遊走的她，看似自在，卻沒有比較好。知她如我，只能在她想說話的時候陪她簡訊聊個盡興，然後留給她一句：「如果你真的想離開這個世界，跟我說一聲，我跟你那麼好，有資格先知道。」

她說，好。

榮格也解不開的題，薑母鴨可以

在冰天雪地的北緯國家，她住在一間設施完善的小套房，浴室廚房一應俱全。飛飛說：「一應俱全的意思，其實就是我要怎麼傷害自己都是很容易的，工具很多。」旅行到世界的盡頭，想著自己人生中的種種，想著自己為什麼把自己的人生搞成這樣，想著自己的人生裡要得到愛，為什麼這麼難這麼坎坷，坐在房間裡小沙發上的她淚流成河，把自己的上衣哭到擰得出水。「這個時刻我可以體會安東尼·波登的感覺，人生真的好苦，雖然世界上還是有些愛你的人跟你愛的人事物，但巨大的痛苦，還是讓你想要放下這些而離開。」

我在遠遠的那方聽著她說，想不出什麼深奧的道理，只能回她：「嗯，那邊太冷了，我覺得你現在去泡個澡，然後好好睡一覺，早一點回台灣。台灣現在也很冷喔，但我在吃薑母鴨，就是你家附近那家很好吃的，你吃過嗎？」

「回來吃薑母鴨吧。」我在手機上再打一次這句話送出去。

在這個當口上，就算飛飛傳訊息給榮格，我想榮格也不一定解得開這道題，但薑母鴨或許可以。薑母鴨是個魔性的字眼，人生中其實還是有很多膚淺的東西是美好的，像是台灣冬天的薑母鴨、羊肉爐，還有想跟你一起吃薑母鴨的我。

據她後來說，她就是默默地脫下淚濕的衣服，直衝浴室把自己泡得紅紅熱熱的，泡到有點疲倦鬆軟感，然後裹上被子，睡個好覺。

有一句話很土，但我還是得用：「解鈴還需繫鈴人。」面對人生種種的結，我們只能靠自己解開。我鼓勵飛飛去找老闆好好談一談，也推薦飛飛去看了一個很溫柔的身心科醫師。

飛飛跟老闆說，她氣的是她一直都最為老闆盡心盡力，但是考績不如人。她也知道，她要的不是考績，是一直以來老闆對她的倚重跟愛惜，「我知道我非常渴望被肯定被愛跟重視，這點大過一切。」老闆說，這些其實他都明瞭，這幾年在職場飛飛大小戰事無役不與，飛飛是自己人，他以為他不說，飛飛都明白。他也知道自己的才華高過工作能力，外面的人講得難聽，自始至終，飛飛都護著他。

兩個殘破的人再度安慰了對方。這不是最好的結局，但旁觀者如我覺得很不錯。雙方說出心底的話，尤其是，說出自己的弱項，說出自己在強烈爆炸的情緒後面複雜的動機，即使只是殘破的人互相安慰也無不可。說到底，人生而在世，誰能十全十美？誰能有一份完整如滿月的心靈？能夠找到知己堪可藉慰，就算是三隻腳的椅子，亦能互相扶持在這世間站穩。

要一個血親結構外的人，去理解原生家庭的痛苦跟糾結，是多麼困難，即使是夫妻，即使是好友，要梳理十幾二十年複雜結構，還原幾千幾百個錐心的現場，都是困難的。但只要是一次同情共感的理解，對於在無間道裡輪迴的他們，都已是一份無上的溫柔。

我能不能選擇，不要當你的女兒？

在三十歲後段，我跟飛飛耗費了大量時間去討論關於飛媽的種種，盡量還原一個她從小看到大的女性典型，再回溯她從兒時吸收到的種種，用做學術研究的精神、抽離的、盡量客觀的（雖然很難），去解析她為何成為現在的她。

心理諮商師說，飛飛已經取代父親，成為這個破碎家庭的配偶角色，媽媽的精神支柱兼凌遲對象，這個分析也同樣解讀了為什麼歲數相差不多的飛妹，一直是情緒淡薄的平板角色，因為在這個結構裡，飛妹就真的單純扮演了孩子，而飛飛隔離了所有孩子應該承受的殘忍與痛苦。

另一個心理諮商師說，飛飛心底應該還是很想跟媽媽和好，或是希望媽媽的狀況能有所改善，至少母女關係不要像現在這樣惡劣；但，諮商師說，現在飛飛最主要的課題就是要顧好自己，千萬不要覺得自己遺棄了媽媽。畢竟在此之前，她已經耗盡青春，陪媽媽走過了千山萬水，卻尋不到任何解方。

「我覺得我媽不會有任何改變了。」某天飛飛傳訊息給我，絕望地說。「我忍耐了這麼久，好不容易講出口，講得這麼白，我媽好像在平行時空，不知道是聽不懂還是不以為然，完全沒有要溝通的意思。這樣也好，我以後也不用再忍耐了。」

我揣測著飛媽的角度，再回想飛媽常指責飛飛的那幾句話，「我覺得你媽媽心裡對目前為止的人生，跟你的劇情應該是完全不一樣的。你媽應該覺得，她才苦咧，她一生都很苦，為了你跟你妹，『這種情況下』她還忍耐了你爸好多年；『這種情況下』含辛茹苦把你們姊妹帶大；『這種情況下』你卻沒有繼續陪在她身邊反而逃開就是不知感恩……」

「可是『這種情況下』，孩子寧願不要長大啊。」飛飛說。

我可不可以不要在這樣的環境下長大？
你可不可以不要再為我犧牲？
我能不能不要當你女兒？
我能不能選擇，不要繼續當你女兒？

人生沒有如果

孩子無法選擇在哪個家庭出生，孩子沒有能力篩選成長過程中接收到的資訊，甚至無力去抵抗受到的任何對待。媽媽，在你變成一個含辛茹苦、下半輩子都充滿怨念的女人之前，你有問過我的意見嗎？如果可以，我寧願不要出生，你不要為了我去撐一個圓滿，我寧願不要這樣長大，請

你不要再說是為了我，不要再說我不知感恩，不要再說要不是你我哪有今天，你沒有問過我要不要這些「恩情」，不要把你的恩情跟怨念當成無限額度的黑卡，動輒提領，消費我的痛苦。我寧願今天這些都不存在，也沒有我，而你還是原來的你。

但，人生沒有如果。

我們無法選擇自己的父母，無法選擇出生，無法選擇出身，無力改變成長過程，無力幫助已經深陷泥淖的親人，無力償還那些對方覺得深似海而硬加於你的恩情。但我們一定可以讓自己不那麼相似，不那麼受對方牽制，一根毛一根刺，慢慢拔除。

對於與母親相像的種種優點，身為子女的自覺性反而比較低。其實那些內化的正面力量，亦帶我們渡過人生萬重山。

我母親是個性圓滑、容易交到朋友且樂於助人的女人。從小看著她的生活樣貌——就算自己不甚好過，也願意對人伸出援手；即使是一通電話的關心，即使是非常遠的關係的請託——只要她覺得整個局面讓大家受益，她就會去做。「我們能被別人求助，代表我們自己有能力。」這點深深影響著我，讓我在成為嚴厲苛刻的目標導向者之餘，還能真心關切別人。活在世界上的時間長了，才深深體認到這是一件多重要的事：「永遠都對別人再好一點」。

對於吸收自母親的缺點，總是在長大成人後變得比優點顯眼。輕微症狀如我，也在學著篩掉那些深植在我腦海中、我比較不適應的價值觀，然後在每個快把自己逼死的關卡，深呼吸一口氣，放掉這個深深種植在我靈魂中的完美控制狂人格，把腦中那個從永康公園急奔回家的高跟鞋聲音關掉。我很感謝她，但我不是她，我只想成為我，我也只有能力成為我。

即使那樣的相像是深植在靈魂裡的，在你每個沮喪的時刻，又再度散落在你周遭的空氣，你聞著那些似曾相識的思維，覺得你又要再度陷落在某個附身的靈魂。不，你們是不一樣的，即使要拔除一萬根刺，你也該明瞭，你們曾經很像，那是因為你很在乎她，但你們早就是完全不同的人了，從出生的那一刻起，你們已是各自呼吸、各自運轉的獨立星球了。

我們是看著母親學習當女人的，跟母親可以很相像，也可以很不像，

孩提時代的你或許無力解套，但長大以後的你一定可以。即使需要跋涉一段長長的路，在途中飽受愛與不愛的追殺及殘破的自我懷疑，還是可以打磨出一個比較接近理想的自己。

相濡以沫，不如相忘於江湖

前面說，飛飛跟她的老闆像《莊子．大宗師》裡講到的那兩條困在陸地的魚，相互吹氣濕潤對方，一種非常浪漫的相濡以沫，實則所有的相濡以沫，都是帶有痛苦成分的，與老闆的互相扶持還能稱為是萍水相逢中的一點溫暖，一個渴望愛的孩子遇到了一個賞識的臂彎，母女關係卻絕少是這樣理想的依賴。

莊子在本篇的下半段說了：「泉涸，魚相與處於陸，相呴以濕，相濡以沫，不如相忘於江湖。」相濡以沫，不如相忘於江湖，兩條都快垂死的魚，互相吐沫救助潤澤對方，還不如在江湖中忘了對方。沒有人有能力拯救另外一個人，除非被救的當事者有心。也沒有人真的會完全復刻另外一個人的宿命，除非你自己根本不想逃出這個輪迴。互吐泡泡到雙方都乾涸至死，不如想辦法擠出這塊泥濘回到水底，然後相忘於江湖。

親子關係是一條看不見盡頭的路。我自己同時身為女兒、母親，深知母女關係對一個女子人格成型的著力之深。我最常跟我女兒說的話是：「你喜歡哪一個，就選哪一個。」她看到我發怒，會問我為什麼這件事情讓我不開心，我說，因為這件事情的某個點讓我不喜歡，但你可能很喜歡，這只是媽媽的感覺。以此類推，我的喜怒哀樂，我的喜好選擇，都是我的，你可能有跟我不一樣的，關於你自己的那些，「你要好好想一想，看看自己的感覺。」

除了大是大非的道理之外，舉凡審美、情緒、人際互動、生活狀態，我都希望她「好好想一想」。她現在才四歲，確實很難好好想一想，但我說，你可以體會自己的感覺，你真的開心嗎？還是因為你的朋友都想這樣，所以你也選了？還是因為媽媽喜歡，所以你選了？多探索一些，多嘗試一點，身為媽媽當然心裡還是有些期待，或許你跟我很不相像，也不符合我的期待，但你是自在且快樂的，這是最重要的事情了。

人生有一件事情很重要但很困難：找到自我，不要偽裝成別人。這個

偽裝可能是你的保護色，或是你根本渾然不覺，或是覺得必須要這樣才能活下去，你長久以來習慣那樣地活，或是覺得根本擺脫不了，又或是覺得那些與你切不斷的都是你的責任，你必須償還，必須拯救。做為一個人，遺棄自己的出身實在太可惡了，你心底覺得自己是個逃犯，你不明白為什麼得到愛那麼困難，不明白為什麼你長那麼大了還是渴望稱讚，不明白為什麼有些奇異的時間點，你就會捲進某個情緒的漩渦，吼著那些不像你平日說的話，做一些像以前傷害過你的人所做的事情，但那根本不是你。

我們都是這樣看著母親，學習當女人的。不管你多喜愛你的母親（或是相反），你都已經「只是」你自己了。每個人都有資格無條件地被愛，就算你的母親沒有如此回應你，那也不代表你失去了愛的能力。

小時候，母親就是你的天；當你變成大女孩，會發現世界上有各式各樣有趣的人。現在你必須專注地看著自己，重新學習當女人。雖然心底那個小女孩偶爾會害怕，偶爾會抓狂，但那沒關係，因為你會照顧她。

你不能選擇當誰的孩子，但你絕對可以選擇怎麼當你自己。

直到我失去了什麼

前年年中，我失去了一個孩子。跟我的第一個孩子一樣，在我沒有預期的時間裡懷孕；跟我的第一個孩子不一樣，這個寶寶沒有好好地生下來。我跟這個寶寶相處的時間非常短，從發現自己懷孕到流產，時間短到甚至來不及知道寶寶的性別，只能以寶寶來稱呼。

跟其他月份很大才失去孩子的媽媽比起來，我的遭遇算是非常輕微。我一開始是這麼想的，以為我的悲傷也會相對很輕微，但後來才懂，失去孩子這件事沒有什麼好比較的，母親與小生命之間的深刻連結，從知道的那一刻就開始了。我的悲傷沒有比較輕盈，失去孩子的難過是一種無法言說的痛苦，不是輕的或是重的，而是深深的、深刻的，種在身體裡。

先講講之前的故事。

出血的那一天，我飛奔到醫院，醫生看完以後就說：「孩子沒有了，週數還小，休息一陣子吧。」我的婦產科醫生是一個非常溫柔有耐心的男性醫師，給他看診向來都是令人安心的經驗。他是一個風趣喜感的人，每次看診我們都會聊聊天，因為老家在經營傳統的髮廊，所以他常常在換髮型。有一次他突然燙了個韓國歐巴大捲頭，我走進診間看到他的時候笑到無法起身。只是這次不像以往，跟他講完話以後，我沒有覺得比較好。

醫生一如往常地溫柔，說抽一管血起來送驗，看看其他的數值，再給我後續的建議，直到此刻，我都還算平靜。經驗老道的護士姊姊拍拍我的手，針管插下去的那一刻，我的眼淚才掉下來，無法抑止地爬滿了臉頰。護士姊姊說，你還年輕，可以再生，會流掉的寶寶，都有自己的命。

在外人眼中，我是個順風順水的人，或許老天對我真的很不錯，大

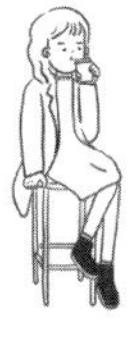

抵上想要的目標都能達成。這樣的順利，我也從來不覺得心虛，對於心中設定的目標，我是一個很努力的人，努力唸書、拚命工作、熱愛生活、用心經營著自己喜歡的關係。我是「有志者事竟成」的信仰者，即使有些小挫折，我不覺得失去了什麼。直到我失去了孩子，才知道所謂「失去了什麼」是什麼。原來人生不是有志者事竟成，有很多事情無論多努力也難以改變，就像護士姊姊說的，命，或是說無常，或是說造化，走了就不會再回來了；而你知道這份失去，會讓你再也不一樣。

回到家後，我把窗簾拉緊，躺在床上，有時流淚，有時放空，搞不清楚白天跟黑夜。我傳訊息給工作上的夥伴、我的學長也是我的合夥人，說：「我的孩子流掉了，可能要休息一陣子。」學長跟我相識十年，雖然在創業之前我們是朋友，但開始工作後我們變成很理性的組合，不太做情感的交流，都是就事論事。學長回我說，他太太日前也失去一個小孩，已經四、五個月，「但我知道，不管孩子大小，媽媽都會很難過。好好休息。記得坐月子。」

這大概是我跟學長一起工作這幾年，唯一一次感情濃度比較高的交流。被他說對了，不管孩子大小，身為母親，都會很難過。

我低估了我的悲傷。

這份失去，讓我再也不一樣

在家躺了不分黑夜白天的半個月，喝了不少補品跟滴雞精，身體感覺溫潤，心情平淡。審慎選擇出關後的第一場活動，是赴幾個老友的約。

這場聚會相約已久，與會皆是重要的好朋友，將這樣的聚會設為出關後的第一場，我覺得很適合，特別提起精神來盛裝打扮，想從熟悉的人事物上，再出發。

當日晚餐是在五星級飯店裡的美味盛宴，對於在家喝了一個月雞精的我，應該是極為愉悅的解放。但究竟吃了什麼，我完全不記得。最後的記憶，睜開眼，我已經躺在醫院的急診室，中間過眼的影像皆是我的手以及酒杯。據在場朋友轉述，原本就嗜酒的我當晚以神速「自己跟自己喝」，貌似清醒嘻嘻哈哈地跟大家一起去第二攤。在續攤的ＫＴＶ，我在廁所內滑倒撞到了洗手檯，躺在地上暈了。大家直到要離開時，才發現躺在血泊

當中的我，然後慌亂地將我送往醫院。

到了急診室以後，要打點滴或拍X光我皆不肯，因為我堅持肚子裡有小孩，在診間痛哭大喊：「我的寶寶~~~我的寶寶~~~~」在場的眾人都嚇傻。如灑狗血鄉土劇般的這段，我完全沒有記憶，事後聽朋友轉述，我才瞭解自己對這件事從未過去。原本被設定為出關宴的這頓，其實我內心純粹想買醉；又或者，在內心深層的我還沒相信自己失去小孩了；又或者，我相信了，但我沒有接受。

不僅低估了悲傷，這件事情從發生、相信、接受、想開，這中間的距離出乎我預料地遠。不只是一個生命的逝去，還一舉掀開了我對於自己身體的不信任、對於自己情緒的難以捉摸，無法安放自己的內心，更無法關心別人的感受。心理學說，每個人心中都有一個小孩，是原生家庭跟成長環境所形塑的自己。這次的事件，離開的小孩像是喚醒了我心中的這個小孩：從未被對話過，但一直很努力的孩子。

急診後隔天，再去醫院仔細檢查，發現跌倒的時候，我撞斷了鼻骨，也傷到了視神經，影響到我視覺定位的焦距。遠處看得到，但如果要看書或是看手機，必須非常使勁。眼睛的焦距——這種天生方便的能力，從沒想過有一天會失去，我懊悔地想著如果下半輩子近處都看不清楚了，該如何是好。煩惱的事一湧而上，我終於明白這一段不像前一段，在家隨便哭兩下再喝雞精就可以敷衍自己，這將是一段遠征的路。

沒有復原的心裡的傷，加上自己多增添外傷，把自以為累積的半個月修養瞬間打回原形，帶著新舊傷痕，我重新開始一段旅程。

外放的縱情比不上對內的深情

醫生說鼻骨的手術要越快做越好，因為臉部的傷口癒合很快，所以出事的當週，我就進行了鼻骨手術。這是一個簡單的手術，只是把斷掉的鼻骨重新接合在一起，整個過程不到半小時，但是很痛。臉部麻醉的劑量不能太高，所以退去也快，麻醉退後那生不如死的痛感，像整顆頭部的神經都有人拿著釘子在敲，密密麻麻地啃食著痛覺，鼻子裡塞著兩條止血棉花，鼻子外部沿著眼睛打上石膏。不僅可憐，樣貌還很可笑。先生用輪椅推著我從手術間離開去搭電梯的時候，電梯門一開，我看到裡面的人自動

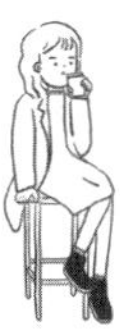

像紅海瞬間唰的分成兩邊。

這個腦部的包紮結構讓我無法躺平睡覺，因為一躺下來，鼻腔的感受很像在溺水，鼻腔跟喉腔之間的液體流動像是要窒息似的。前一兩天我還試圖躺著睡，結果反覆一直做溺水的夢，最後就放棄了。中間等待拆石膏的兩週，我都靠著沙發椅背睡；因為臉部打著石膏不能戴眼鏡，高度近視的我基本上是看不到的，又再度進入到一個昏昏沉沉、白天黑夜分不清楚的輪迴。

睡睡醒醒，醒醒睡睡，醒著的時候，我用手機隨意地播一些廣播節目來聽，時而聽聽自己過去錄的廣播節目。大家常常說什麼東西很「療癒」，對於這個詞，我的體悟不深，我喜歡放縱多過於治癒，我一向覺得揮霍任性的時刻對於傷痛更有撫平效果，就像這次流產過後以無度的飲酒來釋放傷痛，結果呢，為自己招致更多的痛苦。

斜倚著沙發聽廣播節目的時候，我才體會到什麼叫做「療癒」。眼睛長時間都閉著，全仰賴聽覺。原本我播放自己過去錄的節目，只是想趁休息的時候修正自己講話的方式跟語氣，在聽張曼娟老師的《幸福號列車》

時，才知道曼娟老師的聲音真的很「療癒」，一種深厚的溫柔，慢慢地說進心坎裡；光聽老師在節目裡問大家過得好嗎？就覺得有人在關心著我。

也是躺著的這幾週，我才真正瞭解，外放的縱情比不過自己對內的深情，我深深地明瞭，我一直都不夠關心自己，關於內心世界，我有好大一塊的陷落，需要重建。

從正視自己的悲傷開始

這是一個女性被過度定義、被選擇、被要求的社會，一個女人身上多半都有兩種以上的角色，等待我們積極扮演。長年以來，我對於這些社會角色大多握有主動選擇權，但我對於選擇的那些都過分熱情，對於生命角色熱情十足、野心勃勃，這些向外投射的能量，卻沒有同樣等級的關照著我內在的自己。

我真的開心嗎？我難過嗎？我已經釋懷了嗎？我甚至不知道，我到底什麼時候可以軟弱，什麼時候可以難過，因為大部分時間，我都是用

「撐」的，撐一下就過了，撐過去就是你的，我常常這樣對自己說。

當然偶爾也有撐不過去的時候，這時候，我就會在某個縱情玩樂或豪飲的時刻，突然發現自己變成另外一個人，有時候很野蠻，有時候很脆弱，種種陌生的我的面相，其實都提醒著自己，我完全不瞭解自己，很難跟自己對話。慣於嚴格地鞭策自己，卻連自己停在路邊舔舐傷口的時間都不給。這樣的我對外自然很難釋放出溫柔跟真心，問問那些跟我交往過的男人、甚至我的親密好友們，我是個溫柔的人嗎？我想十之八九不是吧，我是個「有趣」的人，但不是溫柔真切的人。

真實的溫柔其實是很困難的，建立在深厚的自我底蘊累積。在生命的長河之中，我們載浮載沉，有時似而要溺斃，有時嗆了幾口回神發現還在，有時有人從遠方拋來浮木讓你喘息，然而真正能讓自己輕盈順水而行的，只有自己而已。對於自己夠瞭解，才能應付水性，知道何時當走當行，浪來了，我該怎麼把自己好好捲著不至於侵心。

躺在家裡的時候，我想著周遭的女性好友們流產的經驗。我有個親近的朋友，流產五次，最後才懷上小孩。另外一個親近的友人，懷胎將近十月，突然胎兒臍繞頸，急救後已是死胎，辦了喪事。「胎兒很可愛，臉圓圓的。」去參加的友人這樣跟我轉述。我回想著這些，也回想起我甚至沒有對她們任何一人好好地關心過。我的人生忙忙碌碌地被我塞進一堆行事曆，我有一大堆等待完成的事項，但沒有一項跟我的心有關，更遑論好好對待別人的心了。

我對於無法遏制自己的悲傷，無法跟自己的悲傷共處，感到非常驚訝。更令我驚訝的是，我竟然可以自己騙自己說我已經好了，還騙成功了。說自己好到可以出去玩了，於是恣意狂歡，於是在種種失憶的過程中，才殘酷地瞭解到我完全沒有好，離「好」還很遠很遠。

察覺跟正視，是我踏出的第一步。我開始縝密地觀察自己的情緒，什麼時候我會難過、怎麼處理，什麼時候我會想要發脾氣，我又是如何處理。我發現自己很迴避負面的情緒，大部分時候，我都選擇讓這些情緒一閃而逝，但這些情緒其實並未消失，只是被我忽視。於是，我也失去了真正快樂的能力。

臉上的傷口好了以後，原本要再進行眼睛視神經的手術，說也奇怪，

在家休養的那半個月，我幾乎沒用到眼睛，眼睛就自然而然地好了，醫生說不用動刀處理。我覺得這是上天送我的一個禮物，讓我受傷，讓我在失去日夜般輪迴中沉思，在找到方向後，又讓我少一次手術。我將這次落難，當成一次好好認識自己、學習如何照顧自己的機會。

與自己的身體和解

體力恢復後，我開始規律地運動。流產對於女性來說，不僅單純是健康的問題，而是對自己的身體產生很大的不信任感。流產時那股像生理週期時的酸痛悶痛絞痛、然後看著血汩汩流出，是每個女性對自己身體的陰暗記憶。即使生理期其實是一個健康的代謝，但是，那種身體無法抓住什麼、也無法控制自己要不要流血的感覺，是女體共同的灰色印記。流產也是，就像生理期那樣，你的身體從此有了一次不可控、無法駕馭、留不住生命的印記，你對你的身體產生了極大的不信任。

我們跟自己身體的關係，多半都很糟糕。在亞洲社會長大的女性，從小就被周遭環境明示、暗示各種期待跟評價。長得太高很突兀，胸部太小沒有吸引力，生育能力更是與一個女人的身體價值及自我認同完全正相關，懷上了還得被評價是懷男還是懷女，懷了一個還得被追問怎麼不懷第二個。我們的身體長期都被訓練滿足我們及社會所給予的期待，沒有人關心身體真正的感受是什麼。

我很明白，跟身體的和解需要時間，我能做的，是從一般簡單的生理功能開始著手，做心肺運動、做重量訓練，在能夠規劃的範圍內，讓自己與身體重新對話、重建信任。使用一些以往很少使用到的肌肉，或將心肺功能再往上推一層次，完全斷絕涼性食物跟啤酒。僅僅是這樣，我已覺得我的身體感受到我的重視。

我一直用「我」跟「身體」這兩個單獨個體來敘事，因為我深深相信，女性的身體該被獨立對話，身體不是各種情緒及期待的承接體，反而言之，我該傾聽身體所釋放出來的訊息。有些人讓你很不快樂，你的心裡不知道，但其實身體有告訴你，只是我們從來不重視，因為身體被我們放在一個附屬的位置。

小時候被男生恥笑不小心沾在衣褲上的月經，長大了以後衛生棉或

棉條還是得待在一個可愛的袋子裡被帶出門，假裝它們自己不是衛生棉，要去上廁所的時候偷偷摸摸地塞在手心裡拿去更換。人們對經血有一種成見，從下體流出來的血就是有一個擺脫不了的原罪，即使它真的只是代謝體內廢物，就像你每日的大小便。試問，有哪一個人不大小便？大小便的時候需要鬼鬼祟祟不能說出口嗎？

第一次性經驗以後流出來的血，在小說裡有時化為一種激情的象徵，多數也是一種貞潔牌坊，但其實只是一種男性心理有病的象徵，很多女性在第一次性經驗時是不會流出像電影裡那樣一大灘血的。女體跟血本身的連結，長此以往，如此不潔，但沒有人該給自己身體這樣的壓力，外界或許這樣看，但你不該跟自己如此說。面對自己血跟身體，至少自己該對自己誠實。

流血只是人生千萬次排泄的一次，身體需要休息但不需要羞恥，偶爾因為禮貌裝了高潮，也不要真的騙自己這樣可以繼續下去，一直對別人太客氣，就是對自己的身體不客氣。

重建信任，傾聽關心。有時想想，如果我早十年好好地跟身體對話，我是不是會變成一個不一樣的人？不是說早十年開始過得很養生或者小心翼翼，而是我能對自己身體的訊息多花心思，偶爾還是能縱情，偶爾嚴謹，但那是在一個有默契的節奏上，我懂我自己，我會安慰她，也不質疑她，不過分要求她，並不過分怪罪她。

與自己心裡的孩子和解

於此同時，我開始去看心理諮商。

縝密觀察自己的身體後，漸漸確認身體深受情緒影響，尤其女性更是，婦科器官尤甚。而我也日漸感覺，我的情緒之於我是一團謎：「我真是個謎樣的女人啊」，這句話自己對自己說真是有點好笑，但活到三十幾歲發現自己是個謎，總比到死都是個謎好。我想透過一個科學且客觀的方法，去拆解自己，幫助我跟自己對話。

在我大部分的朋友心中，我是個有趣的人；在我交往的對象裡，我應該也是個評價不錯的情人，但有趣的是，我的心理諮商師說，我對自己

非常殘忍且嚴苛；諮商師也說，這是大部分成功者的特徵：「不放過自己。」這並不是諮商師對我的讚美，像我們這種人，很努力但無法接受停頓，對他人比較寬容但不能接受自己悲傷或是沮喪，苛刻自己的完美主義，去扮演每個我在社會中選擇的角色。

偏偏在我身上的角色又是出奇的多，女兒、太太、母親、姊妹、老闆、媳婦等等，女性的社會角色我都有一份；有些女性比較少有的，我也有一份。每一個角色、每一步路，都是我的自由意志所構築。

但在奮力競逐的過程中，我忘記了自己，我把外在意志內化成自己，但，沒有人會完全是這樣的。社會建構的你不是你，你以為的那個你也不是你。我也有內在的我，就是那個因為流產被喚醒的孩子。直到今日，我還在慢慢地認識她。

不用覺得自己被誤解，也不用去煩惱社會所認識的那個你不是你，事實上，每個人都被誤解，尤其是女人，因為我們多半耗盡心力去假裝成另外一個人，我們以為那樣會使得自己比較受歡迎。

就接受自己吧，也接受心中那個小小的自己，不要跟過去比，也不要跟未來的目標比較，至少接受此時此刻的自己。

除此之外，其他的都不重要。

所謂的失去，或許是一種獲得

我有一位好友，旅美旅法多年，多年來過著自由自在、充滿藝術感又有點浪漫的生活，今年回台灣時，突然跑去凍卵。到我家聊天吃飯的時候，她以愜意的語氣提及此事，就像是去知名的蛋糕店預定了一盒幾年後才要取貨的甜點。

好友本身是念基因工程相關的領域，做實驗、科學工具、用數字說話是生活日常。她一邊攪著我為了嗜辣的她準備的麻辣鍋，一邊跟我分享：「女人一生中的卵子數目，在出生前就差不多決定好了，生育年齡開始，每個月排掉幾顆，年紀越大越少，到更年期的話開始停止排卵，一生大概排四百至五百顆吧。」

一向缺乏科普常識的我第一次聽到這個說法，瞠目結舌地說：「一輩子的卵子數目，其實是早就決定好的？」好友悠然自得地說：「對啊，每來一次月經都會少好幾顆卵子。醫生在凍卵前會要求去測驗一個ＡＭＨ數值，大概可以看出目前身體還有的卵子庫存量。」她看著驚愕不已的我，鎮定地重複：「嗯，就是來一次月經少好幾顆，人生大概是一個倒數的過程，排完就沒了。」

不知道是卵子天註定這個科普知識太衝擊，還是因為好友這個倒數計時的說法讓我覺得太感傷，老妹我腦海中浮現了梅豔芳的成名作之一〈女人花〉的歌詞：「我有花一朵，種在我心中，含苞待放意悠悠。」旋律優美，詞意深遠，搭配卵子這朵花的意象，簡直讓我打了個寒顫。「花開不多時，堪折直需折，女人如花花似夢。」朗朗上口的旋律，期待有緣人的深深情意及害怕自己過保鮮期的悠遠怨念，兩種心情同樣深植人心。

女人在容貌及生殖能力被貼上保存期限的標籤，從出生那一刻開始倒數計時。我們匆匆忙忙地趕著在被下架前做些什麼，像朵花開得燦爛、開得耀眼、也開得短暫。

其實女人從來不是朵花，我們沒有保存期限，也沒有負擔取悅別人的責任，更沒有長得好看的義務。

直到我失去了什麼，才瞭解，我失去的不僅是那個沒有緣分的孩子，還有我心中那個從未被好好照顧的孩子。這個失去讓我重新找回了她，避免自己像一支看不到旁邊的箭，直直地射向目的地，完全忽略周遭的風景。我決定坦然地、緩慢地在生活裡漂流，選擇讓自己真正舒服的方式，恬淡地過下去。

而這所謂的失去，或許是一種獲得；所謂的保鮮期限，其實是提醒著自己肉身的自然老去，而更要珍惜那些可以呵護自己的珍貴光陰。

溫柔的浮萍，漂流的女子們

家附近有一間泰式按摩店，全店都是泰籍師傅，經營者是台灣老闆。我常常去那間店按摩，離家近之外，師傅都是從業十年以上的老手，技術純熟，每次去按都覺得很像庖丁解牛，順其技經肯綮，將我重新整理一番。師傅個個能講中文，雖然口音很重，但詞能達意。通常按摩時聊天是最惹人厭的，但師傅會講些家鄉事，聊聊天頗有意思。

一次碰到一位師傅，年約六十，跟我聊起我的孩子，我說三四歲正可愛著，反問她「你有孩子嗎？」，才聽她娓娓道來。她說她年輕時喪夫，自己拉拔兩個孩子長大，結果小兒子十幾歲時生病過世，此後她與大兒子相依為命。

幾個月前，泰國家人打電話叫她回去，說是大兒子在送貨的時候出了車禍；等她人回到泰國，兒子已經過世。

「我以前好期待回家過年，但現在都不太敢回去。潑水節我也是一個人，我到哪裡都想起我兒子。」她拿起隨身小包包裡面的一個小罐子，跟我說這裡面是她兒子的部分骨灰，她還是很想念孩子，每一天都很想念。聽到這裡我忍不住從按摩床上坐起來抱著她大哭，忍不住喃喃說著我知道你很難過，你一定很難過……

「後來我就躲在家鄉，每天一直哭，台灣按摩店的老闆打電話找我，叫我不要待在那邊，會一直想，回來台北工作，大家會陪我。」所以她就回來了，「老闆幫我排了很多班，讓我多工作不會一直想；有時候大家會帶我出去吃東西。」師傅說她來台灣十幾年，早已習慣台北的生活，就像第二個家。「台灣的客人都很客氣，很多老客人知道我回來了，還會特地來看我。」

另外一個遇到的師傅，不僅通中文，還會講台語。我問她怎麼連台語都學會了？她說她先生早期去泰國經商認識她，嫁來台灣以後，試著要工作，但因為中文不好，上班被排擠，發便當屢屢故意少她一個，她請當時小學二年級的女兒教她講中文，從ㄅㄆㄇ開始，學好中文以後，發現主管改用台語講些什麼聽不懂的，一氣之下又學了台語。

「我現在在台灣過得很好了，上街買東西聊天很少人發現我是泰國人，台灣人其實人很好，只是不太喜歡外國人。」她平淡地說，語氣裡沒有怨懟，「我覺得我的命很像浮萍，漂到哪就想辦法生根。嫁過來就要想辦法活，一直給人欺負也不是辦法。」

這位會講台語的師傅，我偶爾在店裡遇到她，總是換個新髮型，有時候還會買時髦的假髮來戴，我虧她：「你好花俏耶，按摩大家都臉朝下，會看到你這麼漂亮的樣子嗎？」她哈哈大笑說：「我是為了自己開心啊，看到自己換個樣子，有時候漂亮，但有時候很好笑，人生總是要想辦法讓自己快樂，你說對不對？」

我喜歡的繪本作家海狗房東，在描述作品《花地藏》時講到，這本作品來自多年前在手札裡寫下的一段話：

「有一天，你會學會感謝那在你心口上掘洞的傷。
最初是一個空洞，時光為它覆上飛砂，
種子隨風落定，歲月贈你香花。」

這些飄洋過海的浮萍，既無奈且具有強大的韌性，談起過往那些傷痕，總像覆了一層紗，溫柔得讓我尊敬。

| 輯二 |

女子的韌性

從女孩到女人，從女兒到母親，
女人的韌性超乎你的想像。

變成媽媽以後

我在三十二歲那年「無預警」懷孕。在此之前，我跟先生沒有想過要不要有孩子。這個態度與我先生的個性很像，跟他提一個計畫或目標，規劃一場旅行或工作上的案子，就算他覺得很棒，得失心也是很淡泊。有做到很好，沒有，他只是聳聳肩。在三十二歲之前，我們「稍微」有談論過孩子這個話題，記憶已很模糊，印象中沒有結論。

結婚前幾年，我們是生活很暢快的一對夫婦，在一個舒適的住宅區，一起買了房子，把三房其中的一大房改造成書房，有各自喜歡的工作，努力在工作上拚搏，晚上偶爾一起喝杯酒。家裡總是一塵不染，因為我們都很愛乾淨。沒有事情的週末，我們通常都是分頭跟自己的朋友去吧裡混；他比較注重養生，去酒吧之前可能比我多一個打籃球的行程。

突如其來的改變

我的孕期平順，除了前期有些失眠之外，不會害喜，沒有其他重大的孕期徵狀，唯有變得很愛吃，導致體重一度飆破八十公斤。只覺得自己一直在變腫，除此之外一切如常，工作勤奮，四處玩樂。當時我對公司設定的發展計畫是積極嘗試，直到生產的前一週，我還挺著肚子到我們新的店監工。一直以為，生活不會有什麼劇烈的改變，天真地覺得有了孩子，大概就只是變得更忙吧？沒有在怕的，再怎樣忙碌的生活我也征服過。

孩子出生以後，如同大家所說的，一切都變了。生理上的種種變化，因人而異，聽說生產過程很痛，但我感覺還好，是在產後排惡露時疼痛難當，直冒冷汗，半夜把先生搖起來請他跟醫生求救。有些人會劇烈掉髮，我沒有，但我的骨盆變得超級寬，可能因為我的孩子是巨嬰，寬到孕前所

有的褲子都穿不下，我覺得我的骨盆讓我走路的姿勢都不一樣。體重沒有馬上恢復，事實上也不應該，馬上縮水是明星才會做的事，我還是跟產前一樣圓，彷彿從來沒有卸貨過。

生過孩子的朋友拿了一個叫做「骨盆帶」的東西給我，聽說綁在骨盆上很有效。那真是僅次於恐怖傳說中的貞操帶、我看過第二恐怖的東西。在懷孕期間，骨盆帶有協助托腹分擔重量的功能；生產後，它可以束得非常緊，幫助骨盆閉合回去。想當然耳，疼痛萬分。我覺得用這種方式把骨頭束緊實在太不人道，況且生產完的半年一年間是最需要休養的時候，就放棄了骨盆帶。

我的小孩綽號「罵罵號」，因為她幼兒時期沒日沒夜的鬼哭神嚎。某天我返家的時候發現月子保姆在我家陽台燒符咒，她黑著眼圈說她從來沒看過哭得這麼兇猛的嬰兒，一定是得罪了床母（月子阿姨界的術語，可能就像警察都拜關公）。

罵罵號讓我徹底明瞭，有了小孩真的會改變一切，改變時間分配、改變身材、改變內分泌、改變夫妻關係、改變你看待世界的角度、改變你看自己的眼光等等，但當時的我來不及想這麼多，因為得罪床母的罵罵號，讓我連睡眠都來不及。

最微妙的化學變化

好友小晴從美國回來台灣探親，帶著美國人丈夫及一歲半的混血寶寶。自從上次見面至今，我們已經三年沒見，中間她經歷了懷孕產子。因為找不到合適的保姆，原本是執業藥師的她，現在暫時離開工作崗位，把生活的重心放在照顧孩子身上。

見面前，她先傳訊息警告我，說：「我胖很多，真的超多，你要有心理準備，不要被嚇到。」胖很多？我在腦海裡把小晴用修圖軟體慢慢放大，都無法有個具體的畫面。我從大學跟小晴相熟至今，她一直是身材纖細、長髮飄逸、擁有一張鵝蛋臉的辣妹。畢業以後，她去美國念研究所，我們因為氣味相投，一直保持聯絡。她每次換工作搬家，我幾乎都會去美國探訪她，還曾經一起睡在她沒有家具的新家地板上。

這幾年間，有一次我們在美西見面。如同這次，她也先跟我說：「我胖了很多喔。」出了車站一眼看到她，還好嘛，就是所有亞洲人到美國被高熱量食物填充以後，稍微有點水腫，但依舊是標誌的鵝蛋臉，依舊神采奕奕。所以我這次也沒把她的警語放在心上。

時隔三年的見面，她的先生看起來跟三年前沒什麼差別，倒是小晴，胖是胖了一圈（我們這麼多年朋友，就不選擇「圓潤」這種婉轉的形容詞了），重要的是，看起來很憔悴，沒有上妝，以前招牌的長捲髮，上面的白髮量多到無法忽視。

午餐我們訂了pizza，又準備了火鍋，席間小晴都沒吃什麼，夫妻倆的眼神離不開孩子。一歲半的小男孩自然是活潑好動，但也感覺得出來夫妻倆的精神特別緊繃。在某個先生離座去阻止小孩闖禍的片刻，小晴用中文問我說：「有小孩以後，你是怎麼維持夫妻的感情啊？」語氣很真心，也頗沮喪。

當初一畢業就赴美國留學的小晴，用的是大學當家教存下來的積蓄，還有一些助學貸款，在美國積極爭取助教以補貼收入。因為想要練就一口道地英語，幾乎不交說母語的台灣朋友，強迫自己忍受思鄉與孤獨，嚴格地督促自己打入外國人圈子。念完一個學位，工作幾年，發現不合興趣，又再考試換跑道。家無後援的她，一直是靠自己的意志在闖天涯，這樣沮喪的臉，多年來，我還是第一次看到。

變成媽媽以後，會改變的事情真的很多，但大部分都可以靠著時間及努力慢慢調整，就像是我變得很開闊的骨盆，因為恢復運動及瑜伽，就慢慢又變得「閉數」了。體重也是，餵母奶、胃口恢復正常、作息規律，有各種做法跟手法都可以讓體型消風。但最神秘的變化，莫過於夫妻關係了，孩子真的會讓一對拉風夫妻的愛消風。

隊友還能談戀愛嗎？

時下流行的教養法是把先生當成「隊友」，夫妻在育兒這條路上是一個小隊，必須同心協力，平分勞務；或如果說，先生上班、太太負責育兒，希望在外工作的一方，不要把家裡跟育兒的工作量看得理所當然。這些生活日常付出，很容易被當空氣，殊不知換算成體力跟時薪，絕對是一

筆不小的開銷。

把隱形勞務折算成在工作上的時數跟酬勞，這樣的邏輯對於男人而言，會比說服他們體諒老婆的辛苦更容易理解。把男人轉型成勞務均分的「隊友」，這樣的調整實際上並不太困難，但最讓人無助跟容易忽視的是，在隊友的轉型跟操作的過程當中，我們還有愛情嗎？還有火花嗎？還可能維持有品質的夫妻生活嗎？

想想這個畫面：沒有後援的夫妻檔，辛勞帶了一天孩子的太太，等著下班回來的先生隊友接手育兒勞務；已經工作一整天的先生同樣累癱，回家只想躺在沙發上看影集或滑手機。

雙薪家庭、同樣沒有後援的小家庭，下班後趕著接孩子回家，同樣疲倦的兩人等於開始另外一份工作：「育兒」。

這是很多家庭的日常，也可能是很多太太心中的無奈。就像小晴說的，有小孩以後，怎麼可能維持夫妻感情啊？

小晴的先生說，覺得兩人的關係很機械化，即使稍有餘裕，談論的話題都是孩子。產後改變的事情很多，但衝擊最大的絕對是夫妻關係，不知不覺、無力抵抗，你們已經不再是以前的你們；獨處的時候不談孩子只剩靜默；若非必須，不想親熱，甚或連你自己都沒心情看自己的裸體。

沒有戀愛，還有其他

科學研究顯示，熱戀時期的人們，腦內會分泌各種化學物質，最出名的就是多巴胺（dopamine），產生如吸毒般的快感，讓人興奮期待。但無論是哪種化學物質，一年到一年半之間，就不會再分泌了。用白話文來說，正常的人類情侶檔，超過一年半都已經超脫戀愛範圍，更遑論是累得要死的育兒夫妻生活。

是的，小孩會終結你的戀愛生活，我就是要說這個。事實上，少女們以為的戀愛生活，在結婚以後就會慢慢結束，只是小孩的出現會讓幻滅感更加強烈。婚姻是一種社會結構，讓你跟戀愛夥伴結為生活夥伴，在法律上有連結的責任義務，在現實生活中一起面對柴米油鹽。

沒有戀愛的夫妻生活，豈不就是「婚內失戀」？其實，婚內早就失戀了，婚姻裡面的成分本來就不包括高強度戀愛，除了戀愛，還有其他很多很多情緒，是兩人之間會滋養出來的。一天到晚腦內狂噴多巴胺，一看到對方就想撲倒，這是發情的動物，不是結婚的人類。婚姻裡面會長出的情緒很多，依賴、支持、安心、默契、同情共感等等，有些很像戀愛，有些則必須跨過戀愛才能夠擁有。

孩子的出現將會大為衝擊你們原本擁有的基礎，這是要擁有孩子之前，必須先慎重考慮的一點。驚喜懷孕者如我，夫妻之間則會經歷一段像搭飛機遇到亂流，想要一頭撞死跟嘔吐的感受。痛定思痛之後，我想通了：「不要害怕示弱」。個性好強者如我或現代諸多女子，寧願把心酸或無助往肚裡吞，也不想讓先生覺得自己是庸婦，實則，要成為隊友的第一步，就是讓他跟你的心同步。

不害怕承認失敗，坦承不喜歡那麼長時間跟孩子相處（因為真的很累）；承認自己不是個高分的媽媽，需要援助，也需要情感上的認同。即使沒有很喜歡當媽媽，也不是罪惡的事，每個女人的母性反應不同，就跟生理特徵一樣。沒有教科書教我們怎麼當個滿分的母親，現實人生裡，也沒有滿分的媽媽。讓先生跟孩子知道，你現在不開心，需要被照顧被安慰，別將母親的神聖性無限上綱，那牌坊沒人擔得起。

小晴回美國前傳了訊息跟我說再見，結尾是：「我會努力向你看齊，做個拉風的媽媽。ＰＳ我一定會先去整理頭髮啦。」收到這樣有精神的簡訊，讓人為她感到高興。後來我們還往返了好幾張髮型的照片，討論她要換一個怎樣的造型。

陌生的眼光讓一切變有趣

其實我並不是多拉風的媽媽，在我成為媽媽的過程中可謂血跡斑斑、傷痕累累。只是，除了孩子，人生還有很多事情，我覺得很重要，譬如說，我對自己的感受。長時間一頭淺髮色的我，當了媽媽之後沒有染髮，在我停餵母乳的某天，照鏡子突然看到自己雜亂無章的髮色，自我感覺有夠不好，馬上從整頓髮型開始。

其他重要的事情，還有像是我跟先生或朋友的相處品質。社會太過於

放大討論夫妻之間的愛情了，難道，除了愛情，我們沒有別的可以討論？整個人生並不是一本言情小說啊。我跟小晴約好今年夏天要去探訪她，我相信以她打怪的能力，屆時見到的應該是煥然一新的她。孩子不是女子人生中最困難的課題，惟不要為了忙孩子而忘了一切，忘了自己。

沒有所謂的媽媽教科書，即使看了幾百本教養書照著做，可能也不會讓你比較快樂。問問自己，能跟先生當好朋友嗎？跨越了心動跟激情之後，一起面對你真實的陰暗情緒，讓隊友先跟你一起打怪，將那些讓你心煩意亂、疲倦不已的種種一一打敗，自我的情緒跟心情穩定，解決外在障礙的能力會高很多。

親密關係是有機體，沒有了這個還能長出新的，去觀察其他滋長出來的事物。另一方面，偶爾試著以陌生人的眼光去看待你的先生，放下「他是老公所以應該要表現得如何」的期待，放下「他是交往十年以上的男人所以一切都十分痲木」的感受，將你身邊的人徹底地「他者化」，你身邊的廚餘可能是別人眼中的肥肉。陌生的眼光，會讓一切變得新鮮有趣，也是關係中刺激正向循環的心機。

孩子的出生會改變一切。不必追求滿分，也不必追求一定要和沒有孩子時的你一模一樣。這並不是一條容易的路，但好走的路都是下坡路，不是嗎？

快樂媽媽的聚會

你會怎麼形容自己的母親？當你成為母親，你會怎麼形容自己？世上有多少種女人，就有多少種母親。母親不必然是賢慧、萬能、溫柔、善廚藝的，就像父親不盡然是勇敢威猛、有責任感的。世上有幾種人，就有幾種父母親的典型。

身為一個亞洲社會中的母親，我知道必然有撕不盡的標籤跟期許，但我不在意，我會說，或許我是個各項目都得分很低的荒謬媽媽，專業技術一項皆無，但我是個感情充沛、在母女關係裡能讓雙方都做自己的快樂媽媽。要知道，做為女子已夠多包袱，要養成一個自在的媽媽及女兒有多難，這條路，只有行路人才知道。

原來我的孩子是個布團

罵罵號還是胖嬰的時候，有一次，我把襁褓中的她帶出去跟朋友們一起野餐。當天風和日麗，晴朗舒適，罵罵號在徐徐涼風中沉沉睡去。野餐結束後各自收拾，準備撤退時，我才發現打包放在嬰兒車上的竟然是一些布團，而嬰兒本人跟零食一起放在雜物籃裡，還在呼呼大睡。

在我的育嬰史上，諸如此類腦袋短路的行為不勝枚舉。當媽媽絕對是天份，需要資質，更需要興趣跟熱情。而我就是屬於天生資質不良，後天努力不夠；也正因此，神經大條的媽媽如我，很少為了小孩的事情煩惱。長輩說，孩子自己會帶便當（財富）來。長輩也說，每個孩子有自己的體格跟命運，這些老一輩的說法對我而言很真實。沒有人是與生俱來就會當媽媽的，對於自己跟孩子的錯誤輕輕放下，然後一起繼續努力，不讓自己困在好媽媽的形象裡。

失敗的副食品之路

先科普知識一下，嬰兒四個月大左右，就會開始吃一些奶以外的食品補充多元營養，也便於未來跟成人食物接軌。但因為嬰兒的消化系統跟咀嚼功能都還在發展初期，所以副食品有許多要注意的地方。就不詳述了，說來慚愧，因為我也沒有搞得很懂。

不善廚藝的我，沒有耐心煮副食品，因此罵罵號的第一個副食品就跟我吃一樣的東西：用電鍋蒸爛的地瓜。

當時我因為便秘，所以託別人買了很多有機地瓜打算當早餐蒸來吃，突然靈機一動想到，咦，網路上不是說地瓜是很好的副食品嗎？於是罵罵號的第一個副食品就是地瓜泥。彼時罵罵號大概是四個月又幾天，非常肥美多汁的巨型嬰兒，胃口一直很好。

我以為罵罵號的副食品之路會很順遂，殊不知地瓜泥對於第一次嘗試食物的嬰兒來說還是太濃稠了，她一邊吃一邊哭，吃一吃就用舌頭推到嘴巴外面，然後委屈地大哭了起來。首次的副食品經驗令我非常挫敗，主要歸咎於我對食品認識不清、沒興趣也不用心，好在我這個人就是心臟大顆，又容易原諒自己，從此我就放棄了副食品，讓罵罵號一路喝奶喝到一歲，直接銜接上成人食物。她從此之後胃口大開，暴風式席捲了任何出現在桌上的餐點。

其他媽媽朋友聽說我這種養法，大多非常驚訝，覺得我實在有夠隨便。時下主流的副食品百百種，網路上隨便一查就有各式各樣的食譜。朋友問我，你對做菜沒興趣，為了孩子總該改善吧？不，我很少為了孩子去勉強我自己，除了我曾經腫成一顆氣球又消風之外，不會改變我的興趣。有快樂的媽媽，才有快樂的孩子。

我不會讓孩子挨餓受凍，但真的要精進到哪裡去，也無能為力了。承認自己做得不夠好，這點不會讓我覺得有罪惡感，媽媽這個位置，確實是要講天份的。我在我的天份跟耐性裡努力，強迫自己超出這個範圍，才會讓我有罪惡感。

微醺媽媽及大亂鬥的孩子們

我有幾個與我相似的朋友，物以類聚，我們都是低分媽媽，天資不佳、廚藝不精、又不思進取、不夠熱衷討論寶寶話題……綜合上述幾點，我們都不是各自生活中受歡迎的媽媽朋友，但當我們一起帶小孩的時候，我們很快活。

我們常常舉行一種活動，就是相約在某人家，然後把小孩們圈養在一起玩，我們在旁邊吃甜點配紅白酒，天南地北亂聊，媽媽們微醺，小孩們大亂鬥，有一種兇猛動物區隔岸觀火的感覺。我們沒有具啟發性的親子故事可以交換，但會互相幫對方打氣取暖，在跌跌撞撞的媽媽育兒歲月中，我們不是眾人眼中的高分媽媽，但我們是快樂的媽媽。

對女性壓迫最多的，常常是其他女性，跟女性自己。評頭論足貼標籤、惡意敵視攻擊、美其名是關心其實想主導等等，日常一點的像是推著小孩在路上遇到的婆婆媽媽，唉咿喔你怎麼給小孩這樣穿啦，喔呦小朋友太瘦了要多吃點，是有要生第二個嗎？孩子要有伴比較好啦。

每一個以善意包裝的關切，都是一種虛偽的介入，一種強行注射的價值觀。萍水相逢的還好處理，共處一個屋簷下則令人心驚膽顫。

我的好友阿綸是一個理組女生，向來做事精確仔細。少女時期，我們一起網購服飾，阿綸永遠貨比Ｎ家，比價比品質，比物流費用，做表格整理還有筆記。理科思維，差一分一毫都不行。

路之難易，只有行路人知道

這個人格特質同樣發揮在成為媽媽的她身上。阿綸跟我是截然不同類型的母親，馬馬虎虎的我跟像科學家的她，光泡奶這件事就天差地遠。我從未仔細看過刻度，奶粉跟水都是靠感覺在放，阿綸則永遠是看著刻度謹慎操作，像在實驗室裡面一樣精確。

有一日，阿綸的朋友到她家作客，看到她這樣小心翼翼地泡奶，忍不住酸她幾句，類似「孩子這樣也不會長得比較好啦」，又說「你就是這樣才把自己搞得緊張兮兮的」。阿綸忍不住回嘴：「我只是想要確保我做得

精確，寶寶有喝夠。」講完以後，還是躲進廁所掉了幾滴淚，她不懂，為什麼認真去做也要被講？當個謹慎的媽媽也是錯？

女子育兒這條路有多難，只有行路人才知道。

阿綸自小就是個科學人，如果硬叫她不要這樣精細計算，才會讓她緊張；反過來，如果叫我這樣精密衡量，反而造成我的不安。我們是個性不同的女人，也會變成不同的母親，這個社會能不能就讓我們用自己的方式當媽媽，而非你們的方式？

人各走各的路，各有風格，各有各的命。世間事，最困難不是克服眼前接踵而來的問題，是在你剷除荊棘的時候，不能照著自己的方式做。左撇子偏叫你用右手，小個子偏給你個大斧頭，這荊棘能除嗎？還是會長出更多傷害。

女子們，你就用你喜歡的方式當媽媽，同時，也放手讓別的女子用她們的方式，走媽媽之路。

自我流育孩術

罵罵號出生的時候，我三十二歲，在衝刺工作的高峰，同時玩心也還很重。或者說，我本來就是個很重視自我時間的人。

每日固定的閱讀及做瑜伽的時間、每週在外用餐或小酌、還有一兩週一次的按摩或芳療，更不用提朋友間說走就走的邀約、一年固定一到兩次的海外旅行，這些休閒活動在我的日常中被視為重要事項，皆是我真心喜愛的事物，如果不能執行，我會感覺很沮喪，覺得自己沒有把時間分配好，無法掌握自己的人生。

結婚以後，我的生活狀態跟

婚前幾無二致，先生跟我都是愛好自由、活力十足的人，我們像一個宇宙裡有引力拉著但獨自運轉的兩顆星球。真正讓我覺得我這宇宙秩序被打破的，就是名為罵罵號的一顆超高速彗星。這一撞，從此我和過去的人生中間裂開一道深深的裂縫，看似不遠，但望著彼岸的繁花異草，我知道，有些事情我是再也不能做了。

哭聲驚天動地的罵罵號

曾在其他文章提到，罵罵號之所以被我叫做「罵罵號」，是因為她出生後實在哭得太慘烈，被看遍嬰兒的老江湖保姆懷疑是得罪床母才會馬拉松式哭泣。這段時間驚天動地的哭嚎，讓我做遍了功課。

有一說是嬰兒有前世的記憶，時而被之前的記憶給突襲而崩潰。按照這個說法，我推估罵罵號前世應該很坎坷，這個想法讓我放下想要捏她肥臉的憤怒，產生了憐憫包容之心。我反覆地播心經給她聽，對她好言相勸，跟她說你人既已來此，過去就放下吧。想當然耳沒有用，哭聲還是一樣讓山河聞之變色。

又有一說，嬰兒在母親肚子裡時呈蜷曲的水母漂姿勢，出生以後四肢舒張，所以會覺得沒有安全感而嚎哭。看到這個說法，我馬上拿包巾把罵罵號的四肢穩穩當當扎扎實實地包成一個嬰型大肉粽，務必給她全世界的安全感以阻止她哭泣，結果肉粽罵還是一樣哭個不停。

再來一說，嬰兒在母親肚子裡時，大部分聽到的是母體動脈血管流動的聲音，出生到嘈雜的世界後，各種雜音讓嬰兒不安而哭泣。血液在血管流動的聲音像是怎麼樣呢？據醫生說，在肚子裡聽起來就像是各種白噪音，吸塵器、吹風機、抽油煙機等等聲音，不同的嬰兒有各自的詮釋。網路上有很多關於白噪音的APP，但罵罵號只愛來真的，只要播APP就會馬上被她識破又開始大哭。於是我把全世界找得到的白噪音全部開給罵罵號聽一次，且要穩定長期的播放，這樣跟胎內的情境才像。

後來屢屢發現我抱著罵罵號睡倒在廚房地板上（為了聽抽油煙機的聲音），或是醒來後發現我自己的頭髮被吹成鬆獅犬（為了開吹風機給她聽），慘況不及備載。我跟先生輪流被罵罵號惡整，在那段整個家裡哭聲遍野的日子裡，我對人生感到絕望，從來沒有睡飽過，白天行屍走肉，夜晚恐懼無比，不哭的罵罵號像個渾圓可愛的小肉包，但哭起來的她，像來

找我復仇的恰吉。

更荒謬的是，我還花了美金十元在網路上買了一個號稱可以翻譯嬰兒哭聲、神準無比的ＡＰＰ。按下購買鍵的時候，我內心一直大喊，我的孩兒啊告訴我你到底想要什麼，就算是天上的星星，媽媽我也會想辦法摘給你的。結果ＡＰＰ對罵罵號的哭聲完全無效，還是說中西方不僅語言有差，連嬰兒哭聲的含意也有差？照著翻譯出來的結果：「我餓了」、「我想要抱抱」、「我有點冷」去提供解決方案，完全沒有用，無助的我只想在地上打滾，然後比罵罵號哭得更大聲。

拉回主控權

某一天，先生突然覺醒，跟我說：「不能再這樣下去了，不能讓她予取予求！」

先生主張不要回應罵罵號的每次哭泣，當然細心的照料及關注是一定的，但只要確認身體狀況無虞，不要每次都去安撫她、或把她抱起來。這

對為人母是一大挑戰，只要一聽到嬰兒哭聲，母親大多覺得揪心、擔心發生什麼問題，但往返的回應哭泣，對於父母的元氣是一大耗損。

很神奇，在我們確認解決罵罵號的需求、進而忽略罵罵號的剩餘哭泣後，她的哭爸哭媽就逐漸減少。後來，我才發現，這跟市面上流行多年的「百歲醫生育兒法」有點類似，主打「今天不讓寶寶哭，明天寶寶就讓你哭」，不要每次都回應寶寶的哭泣，不然寶寶會覺得哭聲是有效的。

百歲育兒法究竟好不好，市面上眾說紛紜。但沒有任何一派教養書上的方法，是完全適用於一個孩子的。我能確定的是，讓我從鬼哭神嚎的罵罵號地獄裡爬出來，靠的是「拉回主控權」這個原則，嬰兒如此，幼兒亦如是。孩子的出現確實就像彗星撞地球一樣震撼，將你生活的秩序大亂，夫妻感情大破洞，但孩子不是生活的全部，這點為人父母得銘記在心，更重要的是，讓孩子也明瞭這個原則。

讓孩子融入你的生活

罵罵號滿週歲以後，我就開始恢復有孩子前的生活節奏，聚餐、小酌、旅行等等，我的方法是，盡量讓她一起融入那個情境。一開始很困難，畢竟幼兒在家幾乎能獲得所有她想要的東西，但外出可就不是這麼一回事了，她得學著有時候可以滿足、有時候不行；願望不能完成的時候，我會給她補償方案，讓她漸漸學著處理自己沮喪的情緒。

罵罵號還在嬰兒的時期，我揹著她去看展覽，雖然嬰兒本人看不太懂，但能讓孩子漸漸習慣外出，母親的精神上充分受到滋養，在看展期間亦獲得十足的重量訓練。到能坐推車的老嬰兒時期，喝咖啡我也帶著她去。在咖啡館的障礙是她要安安靜靜，不打擾到別的客人。我會先研究好要前往的店是否有她適合的食物，如果沒有，我自備；再帶上可以耗盡她耐性的玩具，讓她至少玩個十五二十分鐘再換別的東西。如果是我一個人去窩咖啡館看書，萬事簡單；如果我是與友人相會，最重要的前提，那得確定友人也不排斥小孩，不然相聚的品質會被破壞殆盡。

咖啡館是孩子出入大人場所的初階等級，後來罵罵號慢慢進展到熱炒店、居酒屋等十足大人味的場所。跟著我們去吃熱炒的她，總是愛約我一起去看前面的生鮮展示區，在她眼裡那就是個水族館，有各種不同的魚蝦

蟹鰻類。這都不是一般日常生活中容易看到的動物，所以她百看不厭。

去居酒屋跟酒吧的她，漸漸明瞭大人喝酒是怎麼一回事。我會點杯沙哇或果汁給她，她則一起共食沒有刷醬跟調味的串烤類或是味噌豆腐湯。一開始不容易，但久了她很自在，她就像我桌上的一位朋友，我們能聊天，能乾杯，只是她的杯裡是果汁，然後年紀比一般朋友小上一大截，話題是佩佩豬跟巧虎。

帶孩子出入自己的娛樂場所，客觀環境通常不是最艱困的，最艱困的是自己的心性。

帶孩子不等於犧牲自己

曾經在友人的臉書上，看到夫妻倆為了帶孩子的事情在爭論。先生是個演員，常常帶著孩子去排練現場，一邊顧著，一邊讓孩子瞭解爸爸的職業是在做什麼。太太則覺得孩子這樣太可憐了，「孩子就應該去孩子該去的地方，像遊樂園、公園，或是專為孩子辦的展覽。而不是把小孩帶到大人的場所，美其名是瞭解爸爸的工作，但只是大人不想專心陪小孩而編派出來的藉口而已吧。」

先生跟太太的論點各自有理，我並不完全支持任何一方。我常常把孩子帶去大人的場所，但我亦付出同樣的時間陪孩子去她想去的「純兒童場所」，公園、遊樂園、特殊設計的故事屋或競技型場所、給孩子看的表演等等。我體驗著她的快樂，觀察著她肌力的發展，分享著她交新朋友的挫折與喜悅。

我不會在公園旁邊滑手機，我給予她最真實的陪伴，同時，我也不犧牲自己的生活。

不管是哪一類性格的孩子，對於父母的情緒，都是敏銳且易感的。孩子父母的不快樂，或是父母的壓抑，會讓孩子的心裡覺得迷惑且恐懼。孩子的出現，勢必會讓生活結構劇烈改變。然而，不是全面的付出就是為孩子好，不是喝哪一牌昂貴乳品、寶寶就一定會頭好壯壯。每本教養書都在喊著父母應該要為孩子怎麼做，但有誰關心，如履薄冰的父母們能為自己做些什麼呢？

在又拿著教養教科書逐條檢討自己時，在又被長輩囉唆育兒哪裡又做得不夠好時，偶爾，也闔上書，遮住耳朵，找一個讓自己跟孩子都輕鬆的方式相處。

確實，教養書跟長輩的話都是前人的智慧，但能不能多分一點時間，給剛當了父母的自己？

沒有人天生下來就是熟手，總是在進退調整之間成為更好的自己。讓孩子融入自己的生活，說不定，他／她可以很早就成為你的好朋友。

為什麼你是我媽媽？

罵罵號三歲的時候，有一晚，我哄著她入睡，她突然一個翻身，轉過來看著我說：「媽媽，你會死掉嗎？」這個生死的問題來得突然，且來得比我預期得早，心裡驚訝之餘，平靜地回應：「會呀，每個人都會死掉。」她瞬間落下兩行淚：「我想到你會死掉，我就好難過。你會不見耶，可以不要死掉嗎，我想要你陪我很久很久。」

看到她悲傷又真誠的小圓臉，我紅了眼眶。我說我會努力，盡量陪你很久，「你那麼喜歡我陪呀，你覺得我是一個好媽媽嗎？」「我覺得你是超棒的媽媽，為什麼你是我媽媽、我是你的寶寶啊，是怎麼選到你的？」黑暗中看到她兩朵淚光又帶著笑容地問。

為什麼你是我媽媽？

這個問題縈繞在我心裡好久，後來我買了《決定了！你就是我的媽媽》跟罵罵號共讀，書中描述寶寶在天上當天使的時候，挑中地面上的女人當媽媽，是一本溫馨、關於胎內記憶的繪本。書的結尾是出生後的小孩告訴媽媽說：「我是為了讓媽媽快樂，才要出生當你的孩子啦。」

看到這個結尾的時候，我笑了一下，覺得這答案真一廂情願，大概就是藉小孩之口講些母親想聽的話吧。凡做母親的，哪一個不是在生養小孩吃盡苦頭，兒童讀物當然要講些讓媽媽感到夢幻、自我滿足感高的話。

這個念頭擱置在心底慢慢發酵，仔細回想我與罵罵號共處的這幾年，漸漸覺得這答案不假，只是不全面，畢竟是兒童繪本，很多事情不能說得太深入或太複雜而已。

是禮物，也是題目

有人說，孩子是上天給予父母的禮物；我說，孩子也是上天給予父母的題目。有些孩子並不是在受歡迎的情況下到來，這是最嚴重的課題；所有孩子的出現，通常映照著父母本身的不足跟缺陷，這是更普遍的課題。觀察著罵罵號的成長跟變化，是一個小獸的社會化過程，她跟我如此相像又如此不像，有著與我相仿但微相異的優缺點，我常常想，該如何面對她及陪伴她呢？

罵罵號跟我小時候一樣好勝，就算只是普通玩樂，發現別人的積木堆得比她高，馬上小嘴一癟，說：「我又沒有在比賽。」玩紅綠燈的時候被抓到，絕對會想盡辦法不要當鬼，假摔、在地上打滾、說別人扯她頭髮、說她踢到石頭自己絆倒等等，在世足賽看得到的種種奧步招數，罵罵號都使用得出神入化，只為了不想輸。

這讓我想到小時候跟姊姊一起玩時，我也是一個奧步精。我姊是一個遵守規矩的老實人，我玩輸了又不肯承認，一言不合就跟她扭打成一團。

對，我寧願武力相向也不肯當鬼。我姊不僅個性跟我迥異，個頭亦天差地遠，她從小就很高，揍我這種哈比人易如反掌，總是被她打得要死，真的是「要死」。後來我爸再三告誡她，跟我打架她一定要用掌心，而且要往內凹，將力量縮住，不可用拳頭，因為這樣力道比較小，才不會真的把我打死。我至今仍然不解，爸爸為什麼不叫她不要打我就好了呢，放任她打我但不要打死，是因為我真的那麼欠揍嗎？

童年的我暴力事件頻傳，寧願被打到掛彩也不願意認輸，好勝到底的個性完全複製在罵罵號身上。還有另外一個要命的點也同樣複製了，我小時候很愛撒謊，常常去巷口的麵包店偷麵包吃，我媽問我：「你是不是又偷巧克力麵包？」「沒有啊！」（臉上還有一條巧克力痕殘留）。如同我常常看到罵罵號躡手躡腳地從廚房出來，我說：「是不是又偷吃布丁？」現行犯說：「沒有啊！」（臉上還有布丁底層的焦糖）

為什麼我是你媽媽？可能因為上天知道我有很多不足，需要繼續努力吧。在努力的過程中，可能比較容易開導你，讓你不用鑽死角鑽得那麼深。畢竟我們是那麼地相似，我不期待你走我走的路、超越我、或是跟隨我，因為你就是你，而我是我，我們是相異又相似的獨立個體。你可能會

吃一些我已經嚐過的苦頭，我會提醒你但不會阻止你，你可能會走上跟我截然不同的路，無論如何，我都會為你感到開心。

這個世界並不溫柔，年少的你或許會摔得傷痕累累，但這個世界也不苛刻，會將你的學習跟付出，沉澱成你人生後面的樣貌。年少的我覺得名牌套裝和高跟鞋，以及每天在不同的酒吧裡暢飲，是人生之盡興，是人生的快意；但年近四十的我覺得，能夠成為孩子的依靠，能成為朋友或家人信任及依賴的人，讓我覺得自己充滿魅力。

孩子，成為你的媽媽，我覺得很幸福，也很榮幸；即使我不是個高分的媽媽，在你心裡我依舊這麼美好。這讓我明瞭，即使是缺陷也值得好好被愛，每個人都值得好好被愛。面對失敗及無法得到愛的時候，要好好照顧自己的心，無條件地好好愛著自己。你的心可以毀滅你，也可以讓你變得更柔軟，把沮喪跟痛苦的經驗，化成養分來滋養身邊需要愛的人。

希望你能記得一些來自媽媽俗氣的叮嚀，這是與你如此相像的我，這三十餘載的體會：人生的路絕非一路平順，跌倒了，爬起來就是；這裡交不到朋友，到別處去就是；遇到真心待你的人加倍奉之，遇到傷害你的人願你輕輕放下，因為在人生的路上，我們也一定傷害過別人。

在能夠陪伴你的時光裡，我會永遠為你張開雙臂；我不在的時光裡，當你閉起雙眼，我一定就在你身邊。

單眼皮

沒有計畫要當媽媽的我，在三十二歲那年驚喜獲得了一個孩子，至今當媽媽已經數年了。這一路上，我常常覺得孩子教我的，遠比我教她的多。成長的過程中，她所面臨的一次又一次的狀況，都是我內在小孩也沒有學好的。與其說為人父母的教導她，不如說她治癒了躲在內心深處的我。

我跟先生都是雙眼皮，孩子是個扎實的單眼皮，常常有外人看了看，就用安慰我的語氣說：「沒有關係啦，現在醫美很發達，長大再去割一下就好。」因為我跟我爸都是隨著年紀漸增才由單變雙，先生時不時會帶著期待的語氣問我：「你覺得她有沒有可能跟你一樣，長大以後慢慢變成雙眼皮啊？」

期待也好，安慰也罷，這對我來說都是莫須有的問題，她現在這個樣子就很好看，對於種種評價，我沒有情緒，只覺得荒謬。孩子被外人講了多次，有一次就跑來跟我說，「媽媽，我發現一個變雙眼皮的方法了。」然後作勢用手指夾起眼皮給我看，樣子十分滑稽，逗得我哈哈大笑。我跟她說，你長得原本就很好了，每個人的臉又不是時尚服裝或是3C產品，沒有規格，也不用跟什麼流行。

因為我偏好短髮的關係，就一直給孩子也蓄著短髮。有一天，孩子從幼兒園回來跟我說，男同學說她的頭很像男生，她想要留長頭髮了，因為她不想被笑，而且公主都是留長頭髮。我說要留長可以，但我希望是你自己想留長，而不是因為別人說你什麼（結果她留長了一個月，長了一公分以後，就又剪短了）。

最近遇到一個更誇張的路人，對著孩子的臉端詳了半天，然後很慎重地跟我說：「你要想辦法把她的嘴角變成跟你一樣，上揚上揚（還比了手

勢強調）。」孩子的嘴角下垂，我每次看到都覺得好像卡通中的小熊或是小狗一樣，很可愛。我的嘴角是面相上說的微笑嘴型，不過老實說，完全沒有給我帶來多餘的桃花或好脾氣。

從眼皮、到髮型、到嘴角，一個四歲的孩子到底還要被評論到什麼程度？等到慢慢發育，就要在尺寸跟罩杯中再被細細分項評論。就算不是孩子，難道我們就該承受起這麼多批評？

孩子啊，媽媽也是在人生中繞了好大一圈，才明瞭「喜歡自己」這種事情有多困難，希望你可以愛著原本的自己，保護自己不受傷害，不放大對自己的偏見。

孩子在兩歲多的時候看到鏡子裡的自己，會喜孜孜的對自己笑起來，偶爾還會親親鏡中的自己，我覺得好可愛，手機中至今存著很多她親著鏡中自己的照片。但長大以後的我們並不會這樣欣賞自己，心理師說，人越長大，對自己的嫌惡感會越高，連看鏡子都會先看到缺點。

孩子啊，請拿放大鏡看自己的優點，與缺點坦然共處，高或矮、單或雙、豐滿或是骨感，都好，真的都好。好好記得你當初喜愛自己的感覺，勇敢地走自己想走的路，因為你就是你，不是任何擺在架上供人評論或待價而沽的產品。

真實的陪伴

家附近有很多炸雞排的小店，我是個宵夜愛好者，每間店都嚐過一遍。台灣的雞排行之有年，已經成為街頭食物的代表者之一，各種派別滋味不同。以前還在台大就讀時，課間娛樂是買一塊校園內遠近馳名的「姊妹花雞排」來吃。

「姊妹花雞排」這間店，以肉排的面積大而出名，裹粉偏甜，亦是好吃，跟士林夜市很出名的「豪大大雞排」屬於同一個門派，但如果有得選，好吃者如我喜歡肉質厚、粉偏薄、起鍋後灑一點胡椒的類型。

小食店的風景，除了食物本

身之外，老闆通常都有點趣味。我家位處住宅區，附近一帶的小食店多半由夫妻共同經營，有喜歡一邊做生意一邊鬥嘴的、有默契無間像四手聯彈的、也有一看就是太太手腳俐落先生專門來闖禍的。其中有一間雞排店由年輕夫妻共同經營，帶著一個不滿兩歲的幼兒一起做生意，食物品質好，水準穩定；雖然雞排店競爭激烈，但他們是生意最好的一間。

我是個家有幼兒的媽媽，在外看到幼兒都會多看幾眼。雞排店老闆的幼兒跟一般小孩不太一樣，大部分三歲前的小孩都會怕生，大多是階段性怕生，相處一段時間後可以自然互動，時間長短則視孩子的人格特質而定。絕大部分小孩至少都有五分鐘的預熱期，看到被允許互動的陌生人（例如父母的朋友），來往五分鐘可自然相處；有些孩子則是到了上小學，仍無法跟不熟的人互動，狀況因孩而異。

雞排店的小兒來者不拒，只要是上門的客人，他都拉著一起玩。初次見面時，我在攤位前剛站定，他就推著小車子過來跟我說明他的玩具。老闆看我有點驚訝，搔搔頭難為情地說：「我們做生意時間很長，幾乎沒有空陪他，所以他很習慣找客人玩，所有的foodpanda外送員都跟他很熟，他們也知道到我們店等的時候沒空滑手機，因為會被小孩纏上。」

果不其然，來了一個foodpanda外送員，馬上被小幼兒手牽著手拉進去看其他玩具了。

我的小孩常纏著我說：「媽媽我現在要幹嘛？」沒有耐性的我總是沒好氣地回：「你不會自己去想喔，你要幹嘛我哪知道啊。」在當了媽媽多年後，才慢慢體會到她不是無聊，多數時候是希望我好好陪她。我偶爾會帶孩子一起去公司，同事們覺得她可愛，常會陪她畫畫，聊一些兒童專屬的話題。我有一次問她，你喜歡媽媽公司裡的人嗎？她不假思索說：「喜歡啊，他們陪我的時候不會滑手機。」

智慧型手機跟社群媒體發達以後，沒有被分割的注意力變得昂貴，孩子的話提醒我真實且緊密的陪伴有多麼重要，對孩子是如此，對生命中每一個珍惜的人亦如是。吃飯聚餐時專注於食物、專注於交談，好好關心坐在眼前的人，而不是永遠「生活在他方」，永遠在網路上跟其他人互動，當網路上的那些人來到眼前，又改成在網路上跟其他不在現場的人互動。

憐惜眼前人，與珍惜的人真實的交流，這才是生活真正的滋味。

刺蝟和牡丹

我自小就是個不務正業的孩子，喜歡各類有文字的讀物，但課本除外；喜歡跟販夫走卒各類人士聊天，但老師除外。我的國小離家裡只需穿過一個小公園的距離，但返家通常得用上兩三倍的時間，常常被唸浪費時間，可是路上的一切對我來說都太新奇了，兒童時期的我每天都必須走不同的路，飽覽沿途風光，僅僅是站在路邊看別人家的盆栽，我也可以看得出神。

我媽媽常說我小時候有過動症，那時候兒童行為研究沒有現今這麼發達，談不上確診，但真的坐不住。幼兒園時期最大的問題是無法睡午覺，我就像全身爬滿了蟲扭個不停，不扭的話，就忍不住觀察隔壁同學的頭髮，研究他們的頭型跟髮流，看到入神還伸手摸，被別的同學家長投訴是家常便飯。

過聖誕節的時候，老師請我裝扮成聖誕老人；說實在的，你們有看過這麼矮小的聖誕老人嗎？通常變裝的都是老師，但只有扮成聖誕老人才能滿場跑，老師怕我坐不住，只好讓我擔任這個重要角色，以免我毀掉整場派對。奇異的孩子都來自特別的媽媽，我媽至今桌墊底下還壓著她跟我聖誕老人裝扮的合照。一講起這個故事，我媽就津津樂道，說我做這個打扮真可愛呀。可是媽媽你是不是畫錯重點了，重點應該是我是老師眼中的頭痛人物吧。

上了小學，過動兒的特質發揮得更徹底。一節課五十分鐘我都坐不住，一直找同學講話，不然就意圖起來「散步」。我媽唸我上課不專心，我反倒跟我媽狂抱怨課堂無聊。後來我媽想到一招，這才調整了我的人生型態。

當時我就讀的國小剛開辦跆拳道課程，我媽突發奇想，把瘦小又坐不住、像隻猴子的我送去上課，沒想到大量的武術操練讓我的肢體協調許

多，活動量大反而心定，上課也漸漸坐得住了（或可能只是因為太累）。

陪伴跟愛是最好的禮物

我有一個功課很好、個性迴異的姊姊，長得高、文靜、懂事，光講這三點就可以感受到她跟我多麼不同。小時候，我常常覺得家裡是三個大人加上我，因為姊姊實在太沉穩了，鮮少犯錯。

面對兩個天差地遠的孩子，我爸媽給予不同的愛，但一樣的多。即便姊姊表現一直比我好，但我不會覺得爸媽拿我跟姊姊比較。我從小沒有在父母親的口中聽過一句：「你看你姊姊都怎麼樣，你卻怎麼樣。」當了父母之後，我才明瞭這件事是多麼困難。

姊姊小學的時候，競選自治市長，進入國中以後，功課還是很好，順利進了北一女中，還入選了儀隊。於是，我在我們就讀的國小跟國中，一直都是誰誰誰的妹妹。新學年到了新班級，各科目的新老師來點名，因為我們姊妹名字只差一個字，老師看到我的名字都會「喔」一聲，說你是那個誰的妹妹啊。

我記得有一次上課，我又再度坐不住而扭來扭去，接著找隔壁的同學聊天，當天上課的男老師把我叫起來罰站，轉身回頭寫黑板的時候，他講了一句：「×××（我姊的名字）的功課那麼好，×××的妹妹卻只能當太妹。」這是唯一的一次，我覺得被拿來跟姊姊比較，令我感覺刺痛。刺痛的不是我比不上姊姊，而是老師的言論。我知道我很愛講話，我知道我坐不住，有時候我就是無法忍耐，我常常也不想把事情搞砸，但這樣的我，長大就要當太妹嗎？

我的童年到青少年時期，就一直處在像是鄭如晴老師出書時，還一直被媒體稱作「張鈞甯媽媽」的感覺。這件事沒在我心上留下什麼痕跡，主要因為我父母親表現得很淡然。

姊姊有姊姊的好，妹妹有妹妹的妙，世間對於男女的偏愛，以及表現優劣的絕對值，沒有發揮在我父母看孩子的眼光裡。

你可以自己決定

父母的這份淡然、愛與穩定的陪伴，陪我度過很多幾乎要搞砸自己人生的時刻。我能意識到自己有些缺點，常常闖禍，某些場合不受人歡迎，不是人見人愛的孩子，但那不會讓我討厭自己。我察覺也認知，接受了且逐漸能與之共處。人見人愛，其實不是人生中重要的事。我的父母讓我知道，無論如何有他們會愛我。

國中的時候，我被班上同學霸凌，原因到底為何，現在也說不出來，情節就跟日劇演的差不多——課桌椅上用立可白寫咒罵的髒字、大掃除完發現只有我跟好朋友兩人的桌椅沒有被搬回來等等。

某天上課，我走進教室，桌上放著一封信，裡面大概有十幾個同學的筆跡，各自訴說著討厭我的理由。我約略還記得其中幾個原因，像是我很愛說自己的爸爸帥這樣好自戀、我很愛把學校的事全部都跟我媽講，以及討厭我是因為我大腿很粗或屁股很大等等。

現在複述這些理由，都覺得好荒謬好愚蠢，但對於當時是青春期孩子的我，這些話合不合邏輯根本不重要，每句話都像刀子一樣直直插進我心裡。我知道我不是個人見人愛的人，但原來以前跟我同班三年的朋友，多半不喜歡我，討厭到要直接攻擊我。

那時候的我無法理解，青少年緊繃的人際關係，就是毫無合理性可言的鬧劇，很多事情不需要記得也不用放在心上。

看完信的我眼前一片白，覺得快要昏倒，我只知道自己不想再忍受這一切。我把信放在班導師桌上，說：「請你看看。」然後走到學校的穿堂打公共電話給媽媽。聽到媽媽「喂」的那一聲，我眼淚就掉下來。媽媽聽我講了幾句，就用一貫的淡然說：「好，我知道了，你現在可以請假回家，或是你要回去上課，都好，你可以自己決定。」

那天我請假回家了，當時已經很接近聯考，在剩餘的倒數日子裡，我爸媽依舊秉持著「你可以自己決定」的原則，我想去學校念書就念書，想待在家裡就待在家，不想念書就不念書。父母給我純粹的陪伴，沒有壓力、沒有期待；我知道我有人依靠，他們愛我，且相信我，相信即使在這樣的環境下，我還是能做出適合自己的決定。

你的人生，由你定義

後面的故事大家都知道了。我從一個過動兒童、被霸凌的中輟生，變成世間父母眼中的人生勝利組，考上台大、進了大企業、還自己創業、結婚有小孩，事業婚姻都順利，簡直就是民視連續劇般的大反轉。其實我壓根不是勝利組啊，我跟我爸媽都知道，若硬要選，現在的我還是比較接近偏差組。但我爸媽不會把我分類，不會幫我貼上社會上的種種標籤，我就是他們的孩子，獨一無二，特別的孩子。

刺蝟如果不叫刺蝟，依舊渾身尖銳；牡丹不叫牡丹，仍然雍容大方。我的名字，我的樣子，我的性別，我身上的標籤，都不代表真正的我。真正的我要由我來發掘，我來認同，我的人生，要我來定義。當初如果沒有那個天天愛在街上遊蕩跟觀察日常生活的孩子，現在我又哪來那麼多養分可以做生活媒體呢？

浪費或不浪費，我的人生，我說了算。

女兒與公主病的距離

我在台北市的永康街出生，一直住到高中，爸媽想要擁有不同於都市的清閒生活，我們才舉家搬到了新店山間住宅。

山間的房子交屋時需要重新整理，依照原本的格局，我跟姊姊的房間後方有一個露台相通，我爸在規劃裝潢的時候，打算把我的房間延伸到整個露台，也就是把露台包進我房間內，後來我媽媽大力阻止，說如此一來兩個孩子的房間大小差太多，我爸才作罷。

媽媽說這是爸爸「無法掩飾的偏心」。我沒有跟我姊姊聊過這件事，不知道她對這個說法有什麼感覺，但爸爸對我的偏心真是天地可鑑，日月可表，即使我從小是兩個孩子裡面比較不乖的那個，我依舊自然而然地擁有爸爸比較多的寵愛。

父親通常是女兒人生中對於男性的第一個形象，影響女兒心中對兩性的認知、異性關係模式的建立。在爸爸的眼中，反射出第一個異性眼中的「我」的設定。心理學指出，大多數女性會傾向選擇與父親類型相同的伴侶，但有些反而會選擇截然不同的類型。依照我個人的情況，我先生是跟我父親個性有些相似、但更為有趣且脫線的類型。

我結婚的時候，爸爸上台致詞，說有幾句話要叮嚀我先生：「出門看天色，進門看臉色。」每天回家第一件事是要先確認一下老婆的臉色。從這個叮嚀大約可窺探我在爸爸心中的地位高度，以及他對於這個高度可以傳承下去的期許——大概也為我在婚姻裡奠定了良好的基石（？）。

天下有不是的父母

我的家族裡有一位非常走樣的父親。如果身為他的朋友，會覺得他是

個幽默親切且十分迷人的男子，但如果身為他的家人，應該會恨不得把他當地上的小強一樣，瞬間拿拖鞋瘋狂打五十大板不停。婚後沒多久，他就開始賭博，太太為了斬斷他的賭博交友圈，舉家遷移到別處，結果他還開創了新的賭博人際圈，且這次，還附加了外遇。你永遠不知道一個人，可以在爛的境界裡一直勇創高峰，比爛還更爛。

此長輩一生覺得自己抑鬱不得志，但側面觀察，我不知道他的志向在哪——話說，總得有個明確的「志」，才會知道自己不得志吧。曾經有一段時間，他開餐廳生意頗好，但一賺到錢，他就馬上拿去賭。賭博有輸有贏，贏了就想贏更多，輸了就回餐廳拿錢想要翻本。如果這是所謂的不得志，我想他誤會了，一切是他自己一手毀掉了。

長輩人到中年以後，賭博、外遇之外，還爆發了躁鬱症。與家人一言不合即持刀相向，或拿刀自殘，用血在家裡浴室的鏡子上寫字咒罵家人。晚年得了慢性病，失憶，同時也漸漸失去行為能力。直到過世前，他的兩個女兒始終不願意回家看他，家族裡對兩位女兒慢慢湧現譴責的聲音，其中也包括我。

有一次，我去出個長差，找了在當地的這對姊妹出來聚餐加小旅行，旅途中天南地北瞎聊，姊姊才告訴我上述這些恐怖的情節。

我們家族的人並不清楚這些細節，逢年過節的相聚，久久一次的互動，那位長輩總是一如往常的親切風趣，我們這些外人並沒有看到日常生活裡那個張牙舞爪的他。

姊姊說，在成長過程中，她一直勸媽媽離婚，但媽媽始終不肯，執迷地覺得爸爸還有救。誰知道根本沒人救得了爸爸，還一起毀了兩個女兒的心。「我非常痛恨男人，也很害怕婚姻關係。」姊姊說，她知道男人並不都是這樣的，但，「看了心理醫生好多年，我還是覺得我已經失去好好理解男人的能力了。」

你的人生，不是用來重蹈覆轍

我父親出身貧困鄉下，一路靠自己的能力念到大學畢業，考入公職，胼手胝足建立家庭。我對他的白手起家跟顧家感到佩服。但他最讓我佩服

的是，無論在什麼樣的生活狀態下，都不會失去情調。這件事情非常非常困難，很多人的行為態度跟生活品質建立在物質條件上，但父親雖出身在一窮二白的環境中，卻從未讓人感覺窘迫。

小時候，家裡並不寬裕，但爸爸常帶著我們逛書店。他買些他想看的舊書，我跟姊姊逛自己的童書。有時候他會寫寫書法、練練字。我們那時住的老公寓有一個頂樓，上面都是他的植栽，他是遠近出名的綠手指。這些不需要花什麼錢的興趣，長年存在我的記憶裡；無論現實生活是什麼境地，他的精神生活總是富足。

他的這派風雅是如何養成，至今仍是個謎。出身農家，大學念商，青年以前的時間都在生存的貧窮線上掙扎，仍無損他的品味。他的衣飾極多，都不名貴，但有細緻的分類，從不以睡衣跟家居服見人；隨身攜帶扁梳，因為他說髮型很重要，「髮型好看，人就有精神。」這個作派跟興趣直接降落在我跟姊姊身上。我跟姊姊大學都念中文系，也都是書蟲，在意生活風格。

我注重生活細節，非關富貴，而是趣味；喜歡白手起家的男人，因為他們懂得珍惜。這些特點復刻在我的異性關係裡，最終成為我擇偶條件的結果。

我爸對我無條件的寵溺，讓我一度在戀愛裡吃盡苦頭，覺得「男朋友就是要挑這麼寵的」，殊不知男友又不是你爸，不會無止境地包容你跟忍耐你，也沒責任為你收拾善後，跟你也不是斷不了的關係。在這個世界用小公主的方式撒野，在戀愛裡沒有人會覺得你很狂野，只會覺得自己在牙給（台語：自找麻煩的意思）。

你的人生不是用來重蹈覆轍的，人類一直在誕生，基因一直演化，就是為了不要生出一模一樣的複製人。原生家庭的影響即使很大，那也是他們的人生，而不是你們的。

喜歡撒潑的我，在吃過幾次虧之後，能認清在親情裡得到那無限大的包容，不宜也不會在婚姻跟愛情裡複製。原生家庭是你曾經的經歷，是你的回憶，不是你的輪迴，也不是你人生命定的需要。

那對曾經被父親陰影籠罩的姊妹，如今都已成婚。嚷著說無法理解男

人的姊姊，不可思議的在四十歲結婚生子。她說她還是不懂男人，我說我也不懂，男人真是世界上缺點集大成的一種生物。

姊姊又說，她終於稍微比以前多懂了一些，這個世界上沒有人能真正瞭解彼此，「但我終於明瞭，我得給自己一個機會，也給別人機會，因為我不是我媽媽，我先生也不是我爸爸。」

| 輯三 |

當別人說你不可以

標籤這種東西，

別人可以貼上去，你就可以撕下來！

沒有所謂的白費力氣

我的職涯很奇異，每次轉職都是大幅跳換領域；轉換新的領域之餘，也能為自己爭取到更好的待遇、更多學習及表現的機會。從學校畢業至今，工作十一年，說也奇怪，每次的工作機會都是自然而然發生，一直有伯樂，千里馬從來不覺得孤單。我不會形容自己「幸運」，沒有任何機會是從天而降；我覺得是踏實，人生中沒有所謂的白費力氣，你所經歷過的那些，必定會累積成未來的你。

大學的時候，我做了許多打工的工作，台大的同學們多半在當家教，我也當過中文作文及英文家教。比較特別的兼職經驗是我在餐廳當過洗碗工，並且洗了整整一年，冬天洗到手破皮，戴上手套繼續洗。餐廳老闆是個嚴謹但小氣的人，規定所有員工都穿著制服圍裙，工作的時候難免弄髒，公司會將所有制服圍裙定期送洗，但送洗的費用要員工一起分攤，這件事情雖然不合理，但沒有員工發作，我想是因為早年勞權意識沒有那麼發達，大家習慣默默忍受一切。

我當時的時薪是七十元，扣掉幾次送洗制服的錢，時薪大概六十元左右，每個月大概領到六千多元，對當時是學生的我而言，是一筆不小的數目，但非常疲累。在餐廳洗碗的一個小時，疲累度遠勝於當家教。一個班一站就是連續四小時，上整天班的時候，扣掉中午吃飯半小時，一整天站八小時，洗的盤子大概破千個。餐廳在忠孝東路，下班的時候，腿軟到沒力氣去東區逛一下再回家。

餐廳老闆對品質要求很高，動輒對員工破口大罵。休息時間，廚師們跟外場員工們聚集在梯間或後面消防走道聊天，人手叼一支菸，話題不脫抱怨老闆苛刻、環境不舒適等種種雜事。大家跟我沒什麼話聊，但對我還算照顧，當時的我覺得他們的生活好令人窒息，我至少還有學校可以回去，他們每天都在這裡，日復一日。

結束了餐館的打工，我找了另外一份兼差，是在街頭舉牌子跟發傳單，在西門町一帶。

那個年代沒有智慧型手機，在街頭舉牌子也不能偷滑手機打發時間。剛開始我覺得羞赧，光是跟路人眼神接觸這件事情就令我產生隱約的羞恥感，要幫自己心理建設，一直鼓勵自己，靠正當方式賺錢沒什麼好歹勢的，但遇到喜歡的男生走過來，馬上會躲在牌子後面。

每一次的機會都是難得的經驗

站久了就習慣了，大部分時間，我左顧右盼，觀察街上來往的人、什麼樣穿著的人要去哪裡、統計著附近店家的來客數；當時段進入淡季的時候，這些店家又在做什麼。我對細微且看似理所當然的事情很有興趣，這些田野調查的資料彌足珍貴，想想，人一生有多少時間會每天花上幾個鐘頭站在路口，而且有人付你錢呢。

跟舉牌子比較起來，發傳單更痛苦。十次遞出去，九次會被回絕，僅存的那一次，就算傳單被接受，大部分的人還沒離開視線就會直接丟進垃圾桶裡。其他工讀生跟我說，在公司領完傳單以後，走到比較遠的地方，整包丟進垃圾桶裡，然後去泡沫紅茶店喝杯紅茶，再回來簽退，工作就完成了。

聽起來是個簡易輕鬆的方法，再加上發傳單對於臉皮薄的我來說實在是難受的，幾次很心動地跟著他們走到好遠的地方要倒掉，但始終狠不下心把傳單全部丟棄。

「整包紙就這樣丟掉實在太浪費了啊。」我心裡嘀咕著，又想到花錢請我們做事的人，一定有想要完成的目標，每一張傳單都是一個機會，整包丟掉就是把他的夢歸零，想來想去良心過意不去。

我還是站在街口一張一張地發。被拒絕的感覺很難受，思忖著如何提高遞出傳單的勝率。回想自己在街上收傳單的經驗，我發現「態度」是一個關鍵。

試想，在路上遇到一個陌生人遞一個完全不知道是什麼的資訊過來，

你會接受嗎？我希望我做的不只是發傳單，而是為對方提供資訊。路人如果覺得好奇，就會接受，不需要就不拿，沒關係，不用浪費紙張。

把自己設定成一個「資訊傳遞者」以後，我就不再那麼害怕，不覺得自己為了賺零用錢增添別人麻煩。傳單遞出去的時候，我會附帶一句：「轉角有一間新開的奶茶店有折扣喔！」用很客氣的語氣講，音量不用太大，一句話簡單承載著傳單的意義。我每天暗暗地統計著達成率，發傳單的工作，我做了大概三個月，到最後一個月，我遞出去的傳單幾乎不會被拒絕，我為印傳單的老闆高興，也覺得自己是個「有用的人」。

結束了發傳單的工作，我去台大後面的五十嵐應徵（這間店現在還開著），沒有為什麼，只因為我太喜歡喝五十嵐了，我想知道飲料是怎麼做出來的。台灣的手搖飲料店多如過江之鯽，一個品牌紅完退燒，馬上又有新品牌取而代之，每年加盟展還是許多人趨之若鶩。然而不隨意開放加盟的五十嵐，這麼幾十年來，不動如山，不頻繁更換品項，嚴格控制品質，無論景氣好壞，始終熱鬧。

身為前員工的我知道為什麼，即使我只是個兼職的工讀生，也知道他們內部SOP的精確，對於清潔要求的嚴謹。「魔鬼藏在細節裡」，消費者只看得到眼前的產品，然而一個成功且品質穩定的產品，背後累積的是千千萬萬個被準確執行的細節。我是個像正職員工一樣被對待的工讀生，這份對每個員工所傳遞的尊重跟細緻，我始終放在心底。

即使揮拳只是打到空氣，久了也會練出肌肉

很多同學問我，為什麼要一直做勞力工作，是不是我家裡有困難？我家雖不富裕，但沒讓我煩惱過。當家教賺錢確實很快，尤其當時我接了幾個海歸外交官小孩的家教，教作文對我來說真是輕而易舉，一個小時五百元，教出口碑來以後，陸陸續續有家長來拜託，最高紀錄是一個月的薪水超過四萬元。

大概教了一學期，我就沒有再做家教了，因為這份兼差對我來說，除了錢，沒有太深的學習。我不急需用錢，比較想要嘗試更多不同的工作。洗盤子、發傳單、五十嵐都是觀看這個世界更多元的方式。我不覺得勞力工作是比較低下的，或者更具體地說，我不覺得勞力工作就比較「廢」，

任何工作都是有意義的，對於雇主、勞動者本身、對於你的人生，對於這個世界。當時的我不明白，現在的我才瞭解，那些在街頭舉牌的時刻，所觀察到分分秒秒的行人，以及每個遞出傳單但被回絕的經驗，對於後來自己創業的我來說，多麼珍貴。就因為這樣，我對於人性及消費者所瞭解的程度，超過我同年齡同領域的人。在我眼裡，沒有所謂的白費力氣，你所揮出去的每一拳，都會讓你有所累積，不一定要打中任何東西，就算是對著空氣揮拳，也會練出肌肉不是嗎？

工作的機會，大部分是可遇不可求的，即使是極力爭取、在面試時賣力表現，也不見得就能得到你喜歡的工作。但跳脫工作的眼光去看，把它看成一件「你正在鑽研的事」，無論是你十分喜歡、或不甚滿意的職業，它都會回饋給你意想不到的知識。

這個世界上鮮少有職業是單獨與世界斷裂開來，每個工作者都會需要不同的特質，去克服外在的困難、跨越心裡的障礙。不要太快跟你不習慣的工作說ＮＯ，趁著有興致的時候嘗試多元的發展，因為克服未來的路障不靠別的，就靠你在人生中幫自己累積的這些點點滴滴。

當別人說你不可以

研究所畢業後，我的第一份工作是在蘋果日報任職。

那時蘋果日報大舉進軍台灣不久，媒體大環境熱鬧，各媒體都風生水起。新聞研究所畢業的我矢志當個記者，就進入了當時品牌聲量跟銷售量最大的蘋果日報工作。選擇這家公司做為第一志願的原因，跟我自己現在做媒體的心志一樣：「身為媒體，如果沒有人看，是沒有價值的。」爭取讀者眼球的方法，青菜蘿蔔各有所好，從以前到現在，不變的是，媒體要能引起讀者的共鳴及啟發，這是最重要的事。

我進入蘋果日報，一開始由房地產線開始跑起。房地產在當年是一條重要的大線，房市繁榮，新聞超多，每天固定有日常新聞，週末還有特刊。這條線上有一個令人非常尊敬的前輩大姊，每天信手捻來就是獨家新聞，好像獨家就是她ＬＶ包包裡的面紙一樣隨手一直抽（而且抽不完！）。菜鳥如我訪問時時碰壁，大老闆沒耐心跟我講話，一般基層員工又問不出個所以然。有一次客客氣氣地打電話給一間房屋仲介的協理，講沒幾句他就不耐煩地說：「劉小姐，我請我底下的人回你電話好不好？」挫折感與日俱增，覺得自己很智障，甚至開始懷疑自己入錯行。

當時我的大老闆是一個跟我現在年紀差不多的女性，外型亮麗，氣場很強大。有一天我忍不住問她，當年才剛出來跑新聞的她，有沒有遇過跟我一樣的困境？她不假思索地回答：「當然有啊。」我被她的直率嚇一大跳，問說那要怎麼辦呢？「沒有怎麼辦啊，上樓被受訪者奚落或拒絕了，下樓在自己機車上坐著哭一下，然後繼續跑新聞。」

哭一下，然後繼續

這句「哭一下，然後繼續。」好像投入我心中的好球帶，深遠地影響

我後面的職涯。

女性跟男性相較，在職場上確實有更多問題要克服；講一些基本的，我們每個月有五天在生理期，一般男性應該永遠無法體會，固定有連續四五天身體在流血的感覺是什麼，但女性還得工作呢。如果懷孕了，前面懷胎十月大肚子，後面一個月坐月子加上半年恢復體能，女性至少需要一年半去調整。上述這兩個問題不僅是生理上的問題，也是強烈影響心理的問題。

妥善處理好生理狀況，加上穩穩地接住了自己的失敗與不完善，代謝負面能量——這些對職場女子而言都格外重要。

最重要的，繼續往前走。

能夠承接自己的悲傷跟壓力，在職場上是一個不可或缺的人格特質，女人在心理上的代謝能力，跟生理上的自我照顧能力，亦決定了往後繼續走的速度。沒有人一生下來就有獨家新聞的，必須要一直走、繼續走，才有突破的機會。

沒有人能決定你何時該走該停，只有你自己可以。

做了，你才會真正知道

房地產線跑了一年多之後，漸入佳境，這時候財經新聞中心的另一個組別開出了新的職缺，是科技組的記者。我對於科技線一直很有興趣，研究所畢業論文也與此有關。但這個新開的職缺，必須包括負責鴻海這間公司。這可恐怖，鴻海一直以來都是記者間的燙手山芋。當年的鴻海家大業大又不愛與記者往來，老闆知名度高但消息管道不暢通，最令人害怕的是，鴻海還有好幾次告記者的紀錄，這可是所有傳播系所畢業生都知道的駭人事蹟。

該去嗎？這個職缺是由當時的我同事（多年後變成我先生）在第一時間告訴我的。我左思右想許久，搖擺不定，一來是地產線我剛上手，但科技組許久才開缺一次，錯過這次不知道下次是何年，再來就是鴻海的剽悍風格。我問了當時還是同事的我先生的意見，他回了一句：「去啊！不做怎麼會知道。」

這是我職場菜鳥時期第二句投入心中好球帶的話，老生常談但十分踏實：「做了，你才會真正知道。」自告奮勇去接了這條線的我，沒有加薪且工作量更重。為了等到郭董，算準他要去掃墓的時間，我開著我的小車多次自己單獨去山裡守著，心情好的時候他會開口聊幾句，更多時間我連他的背影都沒看到。

等他掃墓只是眾多想要突破鴻海防線的一環，跑過鴻海的記者或多或少都有經驗。其他吃過的苦頭不知凡幾，例如去深圳鴻海最大的工廠蹲點、跟民工混熟……我連續兩年的生日都是在鴻海某個工廠門口的等待中度過。

除了鴻海之外，我的守備範圍還包括其他相關電子工廠，被動元件、電子線路板……電子零組件的工廠分工既細又繁瑣，很多記者跑了某條線多年還是打電話問事情，我為自己立下了「每間工廠的老闆我都要面對面拜訪本人」的目標，一年內跑遍了全台的科技園區，光是龜山工業區一季就去拜訪了不下十次，至今我都還背得出來，那邊附近的哪間店好吃，哪條路比較好停車。

只有你知道可不可以

舒適圈這個範圍，是自己幫自己圈的，跟別人無關，跟大環境也無關，你說大就大，也可以縮到只有你一個人這麼小。

當記者的那幾年，親戚朋友有時候會說，好好一個女生又是台大畢業，跟人家在墓園那邊等來等去的幹嘛，有夠可惜。聽起來好像有點合理，感覺像是關心，但拆解一下這個常見的句型文法，你就會發現，是別人在拿他們的舒適圈框架你。

「好好一個女生，還跟人家跑來跑去的。」（這個評論的對象職業可能是田徑選手？）「好好一個女生，頭髮剪那麼短還刺青。」（適用於時下多數的時尚潮模）「好好一個女生沒結婚，每天加班到很晚。」（這適用於所有上班族女性）「台大畢業連這個也不會。」「台大畢業還做這種低薪的工作。」「台大畢業竟然當家庭主婦沒去上班。」族繁不及備載，再這樣照樣造句下去，我這篇文章就要結束了。

「好好一個女生」及「你這個台大的」是兩個我最常被貼的標籤，幸

虧我這個人最大的優點就是把別人的話當耳邊風。標籤這種沒有價值的東西，別人貼得上去，你當然可以自己輕鬆撕下來，更甚者根本不會察覺標籤的存在。

發話者永遠都是用他的價值觀、他的眼睛、他的感受在判斷。女性在一生當中聽到太多次不可以，但重點——她是你嗎？還是她是你媽？就算她是你媽，意見都要再三考慮，何況是不相干的其他人。

生活是你在過的，工作是你選的，伴侶是你交往的，責任、痛苦、快樂、寂寞、悲傷都是你自己一個人的；除你之外，別人都只能純粹的聽，而不能身處其中。對自己誠實，並且穩定地傾聽自己，較有能力做出真正想要的選擇。而真正去嘗試了以後，也才能真實地感受箇中滋味。

別人的痛苦或許是你的激勵，又或許你的快樂在別人眼中微不足道，但那又如何，因為這是你的人生，只有你知道可不可以。

那些不會問男人的問題

去年新交到一個好朋友，是台灣電影文化協會的執行長陳伯任。伯任的名字十分中性，但外表非常美麗，大概是我此生認識前三美的女子。與纖細美豔外型不相稱的，是她的個性很豪邁，我常常笑她有一點「大叔味」，豪邁宏亮的笑聲、直率的思考邏輯與回話方式，時時流露出豪爽的大叔味。

有一次我們在餐酒館相聚，聊到最受不了被媒體問到什麼問題，異口同聲地說出：「你如何兼顧家庭與工作？」這個看似普通的問題，背後隱藏著很多奇異的設定。首先，為什麼要使用「兼」這個字，在強調「同時具備」，隱含意是這個具備很困難，如果這個同時具備是常見的、合理的，這個問題就不會成為問題了。

我很懷疑，記者在問我們這些問題的時候，是不是也同時問了他們所遇到的男性受訪者？記者朋友們回答我：「很少。」大部分問男人的都是如何兼顧工作與健康。

還有什麼是不會問男人的問題呢？「你產後是怎麼瘦下來的？」（當然，因為男人不會懷孕就沒有產後發福這件事情，但一樣的邏輯，有聽過記者問男人中年發福怎麼瘦下來的嗎？）「你怎麼保持身材？」「你是如何凍齡的？」（不會問男性，因為男人的老被社會所接納）「你怎麼教小孩？」「你覺得身為女性主管有比較情緒化的問題嗎？」「你覺得女性特質對於領導企業有什麼幫助？」

身為一個忙碌的職業婦女及企業管理人，我被問類似問題的次數多到無法細數。

這些不會問男人的問題，背後都有類似的迷思，因為你是女性，所以你應該要怎樣怎樣；或因為你是女性，所以你達到怎樣怎樣真的很厲害。我若生而為男，我不會被問一個問題後面跟著一堆假設條件，我可以老、可以胖、可以不用談我的私人家庭，我可以只暢談我的工作就好，就因為我是一個工作能力傑出的人。

你想要「得」什麼？

回到大家最愛問我的問題，要如何「兼具」、「兼得」。其實，在人生裡，這個後設的問題根本不成立。什麼都想要，不是不可能的。一般大眾會認為，女子的工作跟家庭很難平衡，這其中可以區分的細項包括婚姻跟工作、婚姻跟親子、工作跟親子、生子跟外貌維持等等，都是看似互相衝突的人生事件，項目一多，時間自然互相瓜分。但是人生本如是，不僅女子如此，男人亦是。女子要如何兼得，本身就是個假議題，是一個對性別的框架。

地球上每人每天二十四小時，沒有人分到的時間比較多。差別在於，有人身邊資源豐厚，做起事情來當然相對容易。但有些人總會讓你感覺，即使出身平凡，他能做的事情好像還是比別人多？關鍵的差別在於意志力比較強大，對自我也比較專注，能夠清楚瞭解自己想要的是什麼而去貫徹。如果人生是一個大型的競技遊戲，能夠完成多項目標者，多半是對於自己喜好跟優缺點清楚掌握的人，而不是有一堆人在旁邊幫忙吆喝。

身為女子，重要的課題是，你夠瞭解自己嗎？女子行走江湖，身邊意見雜沓，有一派說女子無才便是德，也有說女人無子女終生遺憾，有人如我大聲疾呼女子一定要保有自己的工作，有人說女子沒結婚老來特別寂寞可憐，女子註定要在充滿噪音的環境中生活，但最重要是聽到自己核心的聲音，越早跟自己開始對話越好，釐清了你想要「得」什麼，再開始規劃如何得，甚至多得。

換上適合的配備，走上你想要的路

我很瞭解自己對工作十分狂熱且希望有所表現，所以在選擇交往對象的時候，也選擇對工作比較積極的對象，如此一來，話題能夠交流，也比較能理解對方一頭卡進工作漩渦時的沸騰狀態。有事業心的男人很多，但

能把太太的工作當回事的就不多了。遇過幾個男人，都希望我能把自己的工作稍微減量，以給予對方更多的支持，這種男人我就不行，馬上在心裡畫一個大叉叉。

人生是一道又一道選擇題，有時單選，有時複選，有時選錯還會被倒扣。有些女子會選擇將自己的工作退到次位，讓先生在工作上有更出色的發揮。如我母親選擇保有自己的工作，但在有機會升遷的時候，決定讓父親努力去爭取，她將多一些心力留在家庭。選擇無關對錯，但要忠於你心，我的大叉叉是我的，但不一定是你的叉叉。

我的先生是一個不會將女人／妻子角色視為配角的男人，當兩人同時工作量塞車時，他會跟我協調，看誰當時能將工作調整，將重心移回家裡及孩子，有時是他，有時是我。優先次序無絕對，工作內容只有自己最瞭解、最能調度。若是兩人都抽不開身，我們會做出「開外掛」的選擇。他從未將我的工作視為次要，甚至常常鼓勵我在工作上勇往直前，對我的表現與有榮焉。

許多男人將女性在工作場域視為次等角色。如果你是一個熱愛工作的女子，卻與這樣的男人結為連理，只會使得自己在工作一途上的步履更為沉重。

伴侶所擁有的人格特質，是在顧全工作與家庭上的必要裝配。走向目標時，有很多周邊配備需要揀擇，人生伴侶的個性、經濟開銷分配等等，你所做的每一個選擇，都會影響你未來人生邁向夢想時的腳步，走得沉重或輕盈。要選到適合自己尺寸的裝備，先決條件是夠瞭解自己心之所向，瞭解自己的長處短處，不被貼標籤左右，也不被世俗期待誤導。

活在自己的時區

幾年前，有一次去北一女演講，講座結束後，學生們圍著我問問題，這是我最期待的橋段。第一志願的女孩們，心裡究竟藏著什麼困惑呢？還記得有一個綁著馬尾的女孩用很為難的表情問我說：「老師，我很想出國讀博士，但讀博士要好幾年，我又不想一邊生小孩一邊唸書，要怎麼辦？」

當你想完成的目標眾多，看似互相衝突，的確會讓人無所適從。倘若你是真心想要，請不要放棄任何其中一項，將能力所及的目標全部放在眼前，朝那個方向努力前進；全力以赴，即使中途需要放手幾項，那也不是輸家的表現。先從有把握、有具體的目標下手。譬如唸書升學，相較於結婚生子，較可以具體循序地執行，就先進行吧。

婚姻伴侶跟孩子哪時能出現，連月老跟註生娘娘都不能掌握，更何況凡人你我。選了A不代表放棄B，時候到了，緣分自然會出現，就算沒出現，拜現代科技所賜，我們有很多方法延長機會（像是凍卵）。放棄升遷跟升學，不等於會獲得比較好的姻緣。在女子人生中，常常扮演糾察隊的都是其他女子，她們勇於糾舉你的行為，積極阻止你走她沒走過的路。永遠別忘了，你的人生是你自己在過的，聽糾察隊的話結果過得不如意，糾察隊也不會給你撫慰金。

所謂的「兼得」只不過是我精確地完成了自己想要的目標，而那些目標恰好比較顯著，跟世俗所標籤的理想一樣。我當然有可能是什麼世俗目標都不喜歡的女子，不婚不生，工作只求平順過，夢想是走遍所有想去的國家，但當我護照上的章越蓋越多，誰能說這不是一種兼得？誰說這不是一種快意人生？

別被大眾的「兼得」給綁架了，釐清自己的目標，選好配備，下好離手，什麼都想要，不是不可能的。

擁有自己的錢

自小來往的朋友家境都是小康類型，大家過著不匱乏、卻也沒有餘裕的日子。對於小時候的我，富裕這件事只是偶爾會感覺到的差異，不是致命的。國中規定要穿白襪，大家都穿一般的白襪，只有一個同學每雙白襪都是ＮＩＫＥ的。普通的白襪行情三雙一百，ＮＩＫＥ襪子當年的行情應該是一雙一百八十元。

國中時期，我跟我媽提出想要ＮＩＫＥ白襪的願望，但我媽媽說，這跟一般白襪的價格差太多，穿一般的就好。於是這個凌厲的勾勾標誌，成為我人生中第一次對於經濟力差別感受的標誌。有錢象徵著購物可以隨心所欲，有錢人在人生裡大部分時間都過得比我們「從容」，沒有錢的人做任何決定前都要掂掂錢包，處處是限制。

我交往過富裕的男友，那是我第二次明確感覺到家境的落差。家裡有傭人、車子是雙B且隨心所欲地換、每個寒暑假都在國外過、回台灣的時候會買很多沒有看過的禮物跟名牌包給我、不用擠補習班，因為都是家教一對一上課。當時的我覺得，這樣的人生真是太完美了，有錢的人生真好，小康家庭真是彆扭極了，出出入入，事事得精打細算。

交往的時間長了，我發現那原本被我認定「從容」的人生感不再從容，我又開始彆扭起來。

跟有錢的男生交往確實填補了我對於富裕生活的某種渴望，社會上對嫁入有錢人家的女人，也多半投以欽羨的眼光。「愛錢」這件事我覺得無分對錯，只要取之有道。

只是，為什麼，我並不覺得我的日子快樂且從容？

關係中的渴望常常是自身弱點的反饋

「從容」是我對於富裕生活的詮釋，「彆扭」是我給小康生活的結論，前者來自於我身為一個旁觀者的觀察，後者來自於我真實生活中的體驗。然而，日子久了，從容好像不再從容，彆扭也不是真的彆扭。原因很簡單，財富並非靠自身努力獲得，即使靠著旁人眼中「上輩子燒好香」得來，這種表層的從容感也一閃即逝。

小學時，有一次家庭作業是爸媽關於他們小時候的成長記憶，我拿著作業煞有其事地訪問了爸爸。爸爸一開始跟我分享了爬樹受傷、頑皮被打的記憶，還秀出手上的疤痕；話鋒一轉，爸爸講到小時候家境窮困，肚子餓沒東西吃，但能有一些米飯已經很好了，只要灑一點點醬油就夠下肚。講到這段的時候，爸爸哭了，「所以我很努力，不希望你跟姊姊再過這種苦日子。」這是我記憶最深刻的，爸爸的眼淚。

白手起家、獨自北上工作的爸爸，跟一樣北漂的媽媽，用勤勤懇懇的公職工作，構築起一個安穩的小康家庭。年少的我覺得這樣的家境比下有餘、但比上嚴重不足；隨著我出社會的眼界寬了，胃口也大了，工作之途順遂，薪水不少，名牌包跟套裝一件換過一件。意氣風發時在奢侈品上的花費，比一個小康之家的開銷還多，我總覺得這樣消費的豪氣彌補了我心底的那塊彆扭。

仔細想想，類似的投射也出現在我交往過的對象與結交的朋友，年少時喜歡與家世好的人來往、與本來就有錢的男人交往、認識比較會賺錢的朋友等等。家族長輩中不乏會說誰誰誰真好命、嫁得很好（其實就是嫁了有錢人）。我原本以為，這樣愛慕虛榮的我肯定會終生鎖定有錢男人，殊不知，繞了一圈，我才發現人生不是這麼一回事。

某位富男友的媽媽有一次在吃飯時問起我住在哪裡，我說新店山區的住宅，我爸媽喜歡清靜，所以搬到了山上的住宅。男友媽媽說：「別墅啊，那應該跟我們家差不多大吧，只是地段不一樣，價格就不太一樣囉。沒關係，結婚以後，你就可以搬下山，住在這兒了。」

男友家住在仁愛路上，跟我家房價自然是不一樣。男友媽媽笑得和善，我低下頭，眼裡卻滿出了淚水。這話中有沒有帶刺我不確定，但我知

道，我不喜歡爸媽這樣被比較。男友媽媽對我還算和善，但這席話，讓我認清了自我的不足，而衍生出的自卑，以及那不腳踏實地的虛華感，消逝得有多快。

再簡單的小日子都需要自己的錢

人生中任何不靠自己努力來的東西，都是不踏實的，這是既通俗又亙古不變的道理。別人的財富、別人的家世、別人的名氣，用蹭的、用攀附的、就算結了婚綁個契約，都不是我的。當個富太太或許能過上一世安生日子，可我就是無法喜歡。一輩子只會是誰誰誰的太太，幫誰誰誰生了個小孩，最後再繼承誰誰誰的遺產，如果是來自這個角色的羨慕眼光，我一刻都不想要。

勞碌跟安逸是自己可以選擇的人生節奏，但活出自己的路是絕對不能放棄的原則，尤其身為女子。

有一次遇到某女性長輩，用很憐憫的語氣跟我說，「你好辛苦喔，總是看你為了工作奔波。」下一段她接著說，某某嫁入家境優渥的家族，懷孕後就再也不必做事，叫我老公加把勁，我就不用在外拋頭露面。

這樣的言論，我很常碰到，當著面講的、請媽媽轉告的、輾轉傳到我耳裡的……我知道她們是心存善意，但這樣的善意，對於女性而言，其實是敵意。

傳統社會裡，框架女性的常常也是女性。我以前會想，該怎麼樣才能讓她們瞭解，我一點都不覺得自己奔波，我甚至樂於拋頭露面。該怎麼樣才能讓她們瞭解，我先生的工作表現一點不比我差，我不是因為先生養不起我才認真工作的。後來看透了，她們是否理解不重要，我很尊敬現在這樣的自己。

女子必須擁有自己的工作，我亦期待我的女兒如此。工作最佳的狀況，可能與你的興趣結合，讓你砥礪出更多元的自己；再次之，雖然不那麼喜歡工作的全部，但可結交不同領域的人，擁有收入、發掘自己的才能、維持固定的勞動與社會這個有機體保持互動、安心地管理自己的金錢，這不僅是工作的優點，也是人生品質的重點。

工作跟愛情不是二選一的題目，跟家庭也不是，不必為了工作將自己消磨殆盡；但即使是最簡單質樸的生活，也需要固定的開銷，得確保自己在這樣基礎的開銷上過得自在，不必看人臉色。心靈自由，有自己的交友圈，有自己選擇人際關係的能力，經濟不窘迫，能擁有額外的生活品質跟情趣，是兩個人過、或獨自過，都好；獨立運轉的小房間勝過仰人鼻息的豪宅。

五年後的你，在哪裡？

有想過未來的自己是怎麼樣嗎？不用太遠的以後，三年、五年就好，現在專職帶小孩的你，那時候小孩開始上學讀書，空出來的大把時間你打算怎麼規劃？一心拚工作的你規劃到時候要走到什麼位置？無論有沒有孩子，那時的你存了多少錢？怎麼分配時間？健康狀況是怎麼樣？你希望自己長什麼樣子？

女子三十到四十奔向五十間的光陰轉瞬即逝，無論在婚姻、孩子、工作如何選擇，這都會是加速飛逝的時光。各類型的女子在自己的喜好跟命運中流轉，付出加倍的精力為自己爭取、保護想要的人事物。十年青春刀起刀落，為了四十開始的從容及獨立，五十以後的優雅自在，一切要提早做準備：財務投資開跑，即使那讓你每個月少買幾件衣服。對自己的投資也同時開跑，建立良好的運動習慣及興趣，執行適合的保養及飲食方式，在往後的人生，將擁有更好的身心靈狀況。

現在的我，想要跟十八歲的自己說，你要擁有自己的錢、自己的工作、自己的世界。真正的自在，不是你能不假思索地揮霍多少奢侈品，而是能夠不看人臉色，對於自己想要的一切，擁有決定的力量。

職場厭女症

在做《小日子》雜誌之前，我任職於一家知名的大公司。該公司雖根植於台灣，卻是名列世界前幾大的龐大企業體。老闆有巨星般的鎂光燈吸引力，白手起家，一手創建科技製造業帝國，螢幕魅力及話題性十足。在台灣經濟起飛的年代，時勢推了英雄一把，英雄創造神話，媒體叫他「成吉思汗」、「秦始皇」，他就是台灣成功男人的經典形象。

老闆不喜歡女性員工穿高跟鞋踩在地板上「蹬！蹬！蹬！」的聲音，一聲令下，明確的規定凡女性員工都不准穿跟鞋來上班。沒有其他原因，就因為他不喜歡那個鞋跟敲地的聲音。我沒有特別愛穿高跟鞋，這規定對我來說不礙事，但仍覺得哪裡怪怪的，無法具體說出不對勁，看似合理卻又讓人心裡有點不舒服。

這個「哪裡怪怪的」，還出現在公司的許多地方，譬如說女性主管的比例特少；女性主管擔任的都不是公司最重要的營運要職，而多半是人資、公關、秘書等等工作。雖說以比例上來講，女性特質發揮在上述這些類型的工作本來就比較多，但在這間公司，特別集中、特別顯著。

每週或是每月的總裁會議，每個事業群的副總裁會帶一名隨行的幹部來開會，這位隨行幹部就是該事業群的接班梯隊，也是重點培植人才。不意外，向來都是男性，從來沒有看過隨行幹部是女性——至少我在職的那幾年從來沒有。每個副總裁都有一至二位機要秘書，也不意外，都是女性，Emily、Julie、Judy……，公司很大，秘書們幾乎足以組成一本女性英文名字大全了。

生存在這個雄性色彩濃厚的小社會，雌性動物有其優勢及其不便，而其中的雌性角色，又可細分為多種。大老闆的大秘書，跟隨大老闆一路征

戰多年，自是秘書中的首領，也是眾事業群主管列為重點交好的對象。就像宮鬥連續劇裡面演的，主角在左右猶豫或是準備要大動肝火的時候，能夠推波助瀾或力挽狂瀾的，往往是旁邊的首席丫鬟或是公公。大秘書大概就是這種角色，對上忠誠不二，對下沒有好臉色。

當然也有通俗類型的角色，靠著出色的外貌便宜行事，但因為在這間公司裡，女性本來就擔任不到要職，這樣的類型倒不會太引人注意，大概只是為自己開闢了一些比較順遂的小路。而我呢？我覺得我像時空穿越劇的主角，掉進一個洞裡，一方面為著老闆白手起家及至今都焚膏繼晷的工作精神敬佩，一方面對於這個小社會的兩性氛圍感到吃驚。

無法根除的現代厭女症

這個小社會就是現代厭女症具體而微的縮影。在男人帶領男人打天下、樹立種種汗馬功勞的同時，將女性他者化與邊緣化，強化男性為主體的優先及高一階的存在價值。這也是為什麼後來該公司領導人出來參與政治活動，會說出「後宮不該干政」這種像古裝劇裡的封建對白，引起社會的一片譁然。對我來說，一點都不驚訝。

這不是男女不平等，而是一種非常明顯的「厭女」情結。厭女跟兩性平權常常被搞混，這兩者的確無法脫勾，但不全然是同一回事。男人的厭女，不只是單純討厭女性、嫌惡女性，更常見的情況是，男人根本沒有察覺到自己的厭女意識形態，卻因為長年處在厭女氣氛的社會中或種種原因，必須藉由女性的襯托，方能完成身為一個男性的自我感覺完整性及優越感。

這跟兩性平權不是畫上等號的事情，但卻是兩性不能完全平等的原因之一。這樣的男人不見得會對女人惡劣，令人驚訝的是，厭女的男人常常是很受女性歡迎的類型，或自認為瞭解女性因而非常風流，「我懂啦，你們女人就是如何如何。」這類男人把這種話掛在嘴邊，然後表現出對女性次等的體貼。上段所說的長年厭女氣氛的影響、教育過程中的性別認同形塑、男人的自我認同等等都是原因。

我是誰、我是個怎樣的男人、我想成為怎樣的男人——台灣的教育沒教、父母也不會談，畢竟上一代男人活得更樣板，遑論怎麼啟發子女。在

台灣社會裡，這不是個受矚目的題目，我們普遍給男性的關心非常少，但期待非常高。於是乎，報章雜誌上出現的成功男性幾乎都是同一類型，對於「男性的成功」的定義狹窄到不行。不瞭解自我的男子們依靠著社會的刻板印象長大，跟厭女情結形成一個惡性循環。

厭女情結無處不在

我跟先生有一對交情不錯的夫妻檔朋友，其中先生很大男人，但太太脾氣很倔，兩人時不時就吵起來，這樣的劇碼身邊朋友都屢見不鮮。有一次，我們約在對方家四人聚餐，我早到了，對方只有先生在家，太太還沒回來，我坐下來，自己開了一瓶啤酒，怕氣氛尷尬，所以天南地北找話題跟先生聊。

後來對方太太跟我先生陸續到了，晚餐開始，一切都很順利，氣氛熱絡，酒酣耳熱之際，那位先生突然講了一句：「我不太喜歡講話跟喝酒都很強勢的女人，像你剛剛那樣。」他指著我說，「為什麼你一進來就要跟我問這個問那個，還要聊你公司的事呢？什麼話題都是你在聊。」

兩個人共處一室，不聊天多尷尬，我只是怕氣氛凍結才一直找話講。但仔細想想，我平常就是個很活在自己世界的人，不管面對的是男性還是女性，我還是會聊我想聊的，喝我想喝的，不會因為對方是男性而比較謹慎拘謹。聽他講完，我覺得被冒犯，臉色一沉說：「不然我們要怎樣，我走進來然後我們兩個都一直不講話嗎？我講話哪句得罪你了嗎？」

我先生看氣氛不對，跳出來圓場說唉呀這小事啦，冠吟個性就是這樣子啊，大家又不是第一天認識了。於是乎這段看似普通的事就過了。

確實如我先生所說，這是一件很小的事情，但是只要仔細去看，厭女情結在生活裡無所不在。我跟這位先生相識多年，他的個性我不會不清楚，我知道他喜愛我這個朋友，我也不會因此論斷他是個差勁的人，但他對於兩性平等的看法，確實還有很大一段路要走。

有一種很模糊的厭女說法，常常以稱讚的形式出現，像是我常常被讚美：「哎呀聽說女老闆為人都比較歇斯底里，但你不會耶。」或是：「你工作的時候不像女人」、「你面對感情的態度還真像個男人，說斷就斷。」這種疑似是讚美，但其實區分了「我本人」及「女性特質」，女性

特質被全數負面表列。

女人，是怎麼了嗎？每個女人都礙到你嗎？

男性的自我覺察

上面提到我的朋友、那位男士雖然喜歡我之於「這個朋友」的身分，但他不喜歡比他強勢的女性。雖然不是故意，但我的強勢是自然而然顯於外的，大部分時間我沒有冒犯到他，所以相安無事。單獨共處一室的我，卻令他覺得像一隻刺蝟一樣坐立難安。不喜歡強勢的女人，隱含意是喜歡比較弱勢的女人，能夠被他保護的女人。

喜歡溫順女性及保護女性的大男人，在社會上還是受到某些女性及大多數的男性歡迎。厭女這件事在生活中無處不在，該如何根除，我沒有答案也沒有結論。面對這樣的情況，我不會舉著抗議的大旗到處與男人為敵，這個方法沒有用，至少面對這樣根深蒂固的情況，一時半刻只會讓自己受傷。

在前公司的我，努力做好自己的工作，用我原本的人格特質及風格，獲得相當的矚目度及表現成就，然後就離開了，我沒有因為那個雄性社會改變自己。對於厭女這樣的男性，必須讓他自然而然地與各種不同類型女性相處，完全地自我察覺、自我認同，及對自我厭惡、女性厭惡全面瞭解，才會有改變的開始。

如果天底下的媽媽，都可以讓想當吳季剛的兒子盡情做自己，而不是都想教導成郭台銘，未來的厭女情結，就會漸漸少了吧。

註：本篇參考書籍，請見上野千鶴子所著《厭女：日本的女性嫌惡》。全書集結作者雜誌專欄「日本的厭女文化」文章，對於厭女情結有深入分析。

| 輯四 |

女子的人生路

孤身進荒原，

安然而退也是一種勇敢。

手無寸鐵的荒涼

二〇一九年，一部由英國跟美國合拍的喜劇劇情片（這個影片分類是根據Wikipedia的定義，我不覺得這是喜劇片啦，應該是寫實的戰爭片）《婚姻故事》（*Marriage Story*），裡面最紅的演員是女主角（漫威電影中的黑寡婦）史嘉蕾．喬韓森（Scarlett Johansson），飾演幫女主角打離婚官司律師的蘿拉．鄧（Laura Dern）並以此片獲得當屆奧斯卡最佳女配角獎。

這部由Netflix原創的電影，甫推出即席捲我的同溫層，或說席捲了整個婚姻界（這是什麼恐怖的界），已婚的友人、婚姻失和或離過婚的友人，在臉書上若有似無、語帶保留地說著這部片的感想。我來幫大家做個沒有劇透的結論吧：「婚姻很可怕，結婚可怕，婚姻生活可怕，離婚更可怕，無一不可怕。」婚姻令人望而生懼，所以有一次看到記者採訪陶晶瑩，說以婚姻生活過來人的身分，要給婚姻新手什麼建議，陶子姊說：「以過來人身分給的建議就是，不要過來。」

婚姻從來不是兩個人的事

「跟你結婚以後，我就完全變了一個人！」

「我不屬於我自己！」

《婚姻故事》中，女主角跟男主角數度撕心裂肺地、對著對方喊著。

說到底，他倆沒有什麼深仇大恨，就是在生活跟事業的軌道裡，選擇跟步調不同，兩個人在婚姻生活裡的話語權跟發言力道不同，於是漸行漸遠，最終成了最熟悉的陌生人。婚姻絕不是戀愛熱火就可以煉出金子的煉金術，冷暖只有兩個人明瞭。更令人生畏的是，跟你共處在婚姻生活中的另一位，並沒有覺得出了問題，那就是一個人的荒涼了，不知道從何戰鬥

起，手無寸鐵的荒涼。

《婚姻故事》裡，兩個人為了孩子的監護權嚴重拉鋸，從教養方式、到底該在哪裡成長、連女主角的媽媽都進來湊一腳，加油添醋地說我跟你爸爸離婚時是怎麼處理的、男人其實也沒那麼壞等等如此這般。

女主角媽媽是一個很煩人的配角，電影裡通常講到離婚，都會出現很煩的配角，這是電影少數跟現實人生符合的事情，真實人生中，結婚、離婚通常都會有很多很令人惱的角色。

除非遠走高飛私奔，婚姻從來不是兩個人的事，是兩個家庭的事，如果有了孩子，更像女主角說的：「帶著孩子離婚是非常痛苦的事情，就像沒有屍體的死亡。」

女子面對婚姻，究竟該如何選擇？

我的朋友阿瑜結了一個當年令自己跟父母都滿意的婚，男方家境不錯，個性樸實。結婚多年，兩人生了孩子，但阿瑜從蛛絲馬跡裡面發現，男生近年有一點不對勁。起初我們姊妹淘懷疑是外遇，人算永遠不如天算，精明的阿瑜循線追查下去，發現男方是定期叫應召女郎，時間已超過兩年。

我跟男性朋友講起這則婚姻故事，幾乎十之八九的男生都聳聳肩說：「這還好吧。」性交易在台灣雖不完全合法，我身邊有過經驗的男性卻不在少數，酒酣耳熱後侃侃而談是常態。在亞洲國家，越是把性這件事看得壓抑，就越是難以大方，且越是難以禁止。不過重新再看一次這個故事，我覺得重點完全不在性交易合不合法，而是夫妻雙方怎麼看待這件事？怎麼對待彼此？

決定是兩個人的事

阿瑜跟我說，她跟先生的關係已經凍結很多年，時好時壞，有時一切如常，偶爾吵起來惡言相向，說有什麼問題倒也無法確切說出，都是些不足為外人道的雜事：堆放東西的習慣、對朋友的態度、衛生習慣等等，時間一久，就是「像陌生人的室友」，生了孩子後更是如此。

我揣想著，像陌生人的室友、生了孩子、還住在一起，那是什麼日常光景？我心中浮現大量形容詞，荒涼、蕭瑟、荒蕪、疏落，我想像一個人在房子裡帶孩子的瑜，一個人在窗邊清洗著碗盤的瑜，像是踽踽獨行在秋天滿地的落葉裡，耳邊只有踏破落葉的聲音。

婚姻從來不是兩個人的事，結婚的那刻，就把兩個家庭綁在一起，父母的期望、埋怨、意見，都會造成兩個人心裡的齟齬。然而，當婚姻出問題，就從來都是兩個人的決定，要能面對癥結，不該再把外人的行為跟角色放在脈絡裡，不該怪罪別人，不要跟別人比較，釐清自己心中真正的想要跟想法是什麼。

眾多女子在結婚時還年輕，年少氣盛、愛面子強過自己的心，聽不清自己心中真正的聲音，以為外界的雜音也是你心之所向。當年那個婚姻的決定或許不是單純自己的決定，但後來的第二個、第三個決定，你絕對有能力做得比當年更好。

面對婚姻問題，大部分人勸合不勸離，我則是一貫以發問代替解答，不斷地問問題，釐清她們心中、也釐清自己對於婚姻跟家庭的定義。我認為，婚姻跟家庭的定義是流動的，不是寫在教育部辭典上的定義，也不是刻在匾額上的賀詞，婚姻會跟家庭及時代社會一起變動，也跟每個人的生命歷程和心境同時變動。再者，我個人認為性交易這件事不需要泛道德化，有需求就有解方。聽來聳動，但虛情假意的上床難道會被認證為完美婚姻的一環嗎？我真心不認為。

真實的破碎，好過瞬間膠黏的花好月圓

梁靜茹的經典歌曲〈第三者〉，由李宗盛作詞，裡面有殘酷但一針見血的一段：「我們的困難，在她出現之前就有了，雖然我憤怒，但是我明白的，把過錯去讓她揹著，這是不對的。」做錯的事當然就是錯了，對方或自己所有脫軌的行為，都不能用原本就存在的問題開脫，然而究竟有幾人能看清楚，婚姻裡層層疊疊盤根錯節的問題根源在哪呢？

阿瑜的故事裡，牽扯進來的角色眾多，除了以結果論視之而算進來的應召女郎們，還有各自的家人，以及兩邊的朋友，以及雙方對於未來生活的期待。這原本就是一個難以駕馭的團隊，再加上阿瑜不是一個自我的

人，如果是我，早就耳朵一捂，別人的話就當耳邊風了，但阿瑜向來都把各路別人的感受看得慎重，以優點而言是體貼，以缺點而言就總是在委屈自己。

「家」字上面一個寶蓋頭，像屋簷，對於家，我們期待遮風避雨，也期待面對困境時能齊力同心，但是當婚姻沒有依偎、沒有感情的連結，有形的屋簷是否遮得了心中的狂風暴雨？上一代的女子習慣為子女求個周全，不想破壞家庭的完整，殊不知，為著家庭貌似的完整，只好破壞自己的完整，將利刃插向自己，刀柄向外，這樣的完整真的值得嗎？誰又能確定這是孩子想要的？

如履薄冰，莫忘初衷

身為婚姻的過來人，我的感想是：「如履薄冰，莫忘初衷。」婚姻是一紙合約，將兩個價值觀、生長背景、生活習慣都不一樣的人緊縛在一起，從此以後你們將互相扶持，榮辱與共。它是比愛情更為龐大複雜的有機體，會隨時生長、變化，當然也會長歪，需要呵護、滋養、修剪。走著走著，長著長著，會發現極有可能你們之中有人已離枝，有人已變成寄生。所以，婚姻之路「如履薄冰」，冰凍三尺非一日之寒，所有的婚姻問題都不會是昨日竄出、今日就破裂了。

當初你為什麼選擇了這個對象共結連理呢？這個原因現在還在嗎？面目全非？抑或只是你看不到？或者是你讓這個原因消失了？婚姻是一種苦樂兼具的日常相逼，而這個逼通常並非單方所為，你射一支箭、我反手就跟著回砍一刀。婚姻裡絕少大是與大非，夫妻感情通常也不會大起大落，而是在小奸小惡小醜中慢慢磨去。於是，我們都忘了，當初牽起這個人的手的原因。

惡言相向、火力齊發的日子久了，會發現婚姻的路走入無盡荒涼的原野。其實你手中沒有武器，因為那些你拿來傷害對方的行為跟語言，都會同時傷害你自己。

孩子不能幫你，孩子不是你騙自己的藉口，也不是你的人質，你是手無寸鐵、孤身一人地站在荒原之中。

如果你還想得起相愛的原因，如果你還找得到那顆種子的餘燼，好好把握它。同樣的，如果你已遍尋不著，如果你已百孔千瘡，不要畏懼分離。我們都太害怕離散，但不離開不等於圓滿，分離不全然是遺憾，亦是一種愛的樣貌。我們太執著在圓滿了，太執迷在家的傳統定義，太堅持給孩子我們想給的。

我們該給的，是給分離多一點浪漫跟勇敢的詮釋，我們該給家更寬容的涵義，有愛的地方才是家，互相牽掛的人在一起才是家。就算分離，繞了一圈的你，也不算走錯了。所有人生的經歷都是美麗，就算孤身去了荒原，有能力安然而退，也是勇敢，不是嗎？

最難的學分

跨過三十後半的我，最大的感觸就是，身邊朋友的父母身體陸續出狀況了。

意想不到的好友A的媽媽，一向健朗且長期跳舞，跟A爸感情甚篤，退休後兩人幫著A帶小孩，享受著天倫之樂，卻在前年診出癌症，治療未及一年，去年初就離開人世。

跟A要好的我及另外兩位同學一起前往告別式，車剛停好、站在門口，負責駕車的同學就紅了眼眶。我看她撇過頭去掉眼淚，白目地問她說：「告別式還沒開始，你就哭了喔？」倔強的她回了一句：「我眼睛進沙啦！」我們四人從小就十分要好，跟彼此的家人也是，突如其來的分離，任誰都措手不及。

告別式中友人依序上香，看到家屬答禮區的我同學哭到雙肩發抖，原本身型就單薄的她。看起來小了一號，對到眼神的那一刻，我才忍不住落下淚；是為了同學媽媽離去而不捨，也有一種感覺，今後的人生，大家都會不一樣了。

好友B是家中的獨生女，從小到大一路優異，去年中一通電話，讓她放下一切飛回台灣。一向活躍的媽媽在辦公室突然中風送進加護病房，回台之後才發現爸爸前年也小中風過，只是怕隻身在國外的她擔心，不讓她知道。沒有手足的她在爸爸跟媽媽之間，被迫瞬間旋轉燃燒起來，每天盯著媽媽的復原進度，一邊顧著爸爸的心情及身體。這個意外來得突然也殘忍，在B的人生中劃開深深的一道，從此將人生分隔成兩個世界。

親緣有深有淺，亦有善有惡，為人父母者不見得人人都有辦法成為榜樣。好友C的爸爸得帕金森氏症多年，於日前離世。C連告別式都沒去，我問起，他只淡淡的回了一句：「我這輩子還他還的已經夠了，他早該離

開了。」

我與父母感情好，幸運的是兩老退休至今仍活蹦亂跳。爸爸常跟我說，人的一生就像一棵樹，樹葉落盡又有新枝。即使知道生命的來去是如此，但老去這件事，總是讓我心上一緊；像是父母問過的問題又多問了幾次，像是看到爸爸的手指節的皮膚又皺了一點。去年中秋大家一起回老家擠在一個房間，半夜聽著爸爸雄壯又健康的打呼聲（爸真是抱歉，把你會打呼這件事情寫出來），讓我又開心又憤怒（因為睡不著）。

每次連假，我媽都還是把我當小孩一樣，送菜到我家，怕我在家沒吃會餓死自己。最近，我媽從送熟食改成送生鮮蔬菜，這也意味著她覺得我會自己料理吧，跨過三十後半，我終於在她心中長大了一點點。

孩子在爸媽心中永遠是孩子，然而，父母在孩子心中也永遠是父母，彷彿永遠佇立在身後的樹。跨入三十後半，面對父母凋零這堂課，是人生中最難也永遠修不好的學分了。

自己的舞蹈

所謂「大人的場所」在我所身處的行業（出版業）裡，指的是成熟有魅力的地方；日本雜誌尤其愛報導，像是高價感的酒吧、無菜單料理、私密的居酒屋等等人生經驗豐富才能從容出入的場所。在我所居住的台北市，除了這些，還有很多不同的「大人的場所」，聚集了活力四射的長輩們，形成另一種城市風景。

萬隆景美一帶，有間人氣很旺的醫院，外觀既不新穎，名氣不特別高，但開業以來人氣歷久不墜。有一次聽了附近的住戶分享，原來已經變成長輩們另類的交誼場所，有病沒病都聚集，候診的座位自然是大家聊天的區域，據說這間醫院的醫生問診特別有耐心。我常常覺得，長輩看診尋求的不是具體病症的治療，而是被關心。

我家附近有台北市排名前三大的河堤公園，到了黃昏的時候，大人們便圍著溜冰場繞成一個巨大的圓圈，跳起時髦的舞蹈。跟我們記憶中的長輩甩手外丹功等等公園運動已經不一樣了，現在的大人舞蹈不僅節奏快且動作俏皮可愛，大概就是韓國女團的大人版本吧。

近日加入某知名連鎖健身房的我，也在健身領域對大人們完全改觀。重量訓練做的重量比我還重這就不說了，跑步機上的速度也是輕盈迅捷。

這年頭大人們對於身體的概念不一樣了，從「保健」進展到「美型」，對於肌力跟身型的要求與年輕人沒有差別。大人們的身體多半因為膠原蛋白流失，所以比較鬆弛，肌肉練起來以後，跟年輕人練起來那樣皮肉緊密貼合的飽滿度不一樣，對我來說依舊具有美感。經過生活歷練的身體，跟青春鼎盛的身體，自然有不同的長相，然而好好對待肉身的這個美意卻無二致。既然平均餘命年年增加，有什麼道理提早投降呢？

作家施昇輝在新作《第三人生任逍遙》說到，坊間書籍多提倡要做自己，實則在現實人生裡做自己非常困難（且身邊的人也不一定愉快），步入中年以後，「直接放棄『做自己』，只要做到凡事都能找到『自在』就好了。」台版「大人的場所」沒有日版的高級跟華麗感，或許到了人生下半場，外在的包裝跟派頭也不再那麼重要了。

在亞洲社會生活，大部分人的前半生都是為了家庭或責任感而汲汲營營；到了下半場，大人們交新的朋友、跳新的舞蹈吧，誰知道第九局會有多長呢。

人脈不是裝熟

自己開店以後，才體會到服務業講話的精妙。

台灣服務業大部分都非常客氣，「以客為尊」是普遍的觀念。我的店裡因為工作人員平均年齡層很低，加上品牌風格偏向隨性的生活感，所以不要求過分的殷勤。沒那麼多笑容、沒那麼多話，我倒覺得還好，工作的時候，員工還是人，不是一個機器，只要服務細節有做到就好。

雖然已經出來做生意好幾年，我私底下還是很怕跟服務業打交道，尤其是過度熱情的那種。逛服飾店，櫃姊在旁邊亦步亦趨，不管拿起哪一件，櫃姊都會說：「這很好搭，我自己有帶一件。」走進精品或名牌化妝品，櫃姊的臉比老闆還臭，或是洗頭的時候，美髮小妹從祖宗八代聊到內心深處，聊跟不聊都不對，真正的進退維谷。

這麼多年來我精挑細選，挑到兩個惜字如金的服務業人員，一個是我的美甲師，一個是髮型設計師。美甲這個行業很難不多話，因為面對面不說些什麼好像很尷尬，於是大家都會「尬聊」。我的美甲師是個在學校有授課的專業人士，你不開口她不說話，兩個人靜默的做完指甲，我心裡也舒暢得很。

髮型設計師是個年輕的帥哥，話少也就算了，就服務業的標準，他應對有夠不得體。譬如說我指著雜誌問他，不然我剪這個髮型好了？他會直接回說，「喔這不適合你，你比較矮、頭又大，看起來會更矮。」或問他說今天來做個護髮好了，他會說：「喔你不用浪費錢了啦，你一下子就剪掉了。」直率到令人受傷害的應對，但絕對不會多賺你一毛錢。

這兩個沉默人士跟我這樣做指甲剪頭髮都超過七年，中間我心血來潮會換別間店弄弄看，但最後都以不習慣告終，又回到他們的懷抱。原本以

為跟沉默人士應該建立不了什麼交情，沒想到這麼多年來，變成了像是朋友的關係。美甲師在某一年的農曆過年前，拿了一袋肉乾給我，說：「冠吟新年快樂。」這大概是我們除了討論指甲顏色之外最多的談話了，後續她經歷了工作跟生活上的種種變化，老客人的我也有朋友般的感同身受，在訊息上給她加油打氣。

一根腸子通到底的帥哥，在幫我弄頭髮的時候話變得比較多，還會問我人生意見；跟交往多年的女友分手後，弄得十分不愉快、連心愛的小狗都被帶走；我們一起罵著罵著，時間過了，情緒也淡了。

說到底，服務業第一是專業技術，再來才是人緣。而真正的人緣不會從裝熟中發生，而是從真誠裡萌芽。

把每天都活成春天

之前搬家的時候，在新家的門口出現一坨小小棕色的「東西」，進進出出的我們以為是雞毛撢子。還記得那一天，大雨滂沱，雞毛撢子的毛貼著地面，每根毛看起來都承載了很多的雨水。

再仔細看，發現雞毛撢子竟然在動，原來是一隻小小的博美狗，全身發抖，不讓人靠近。

接下來的幾週，我們在聯絡得到的養狗群組到處轉傳「尋主啟事」，跑遍了住家附近各獸醫院跟寵物美容店，問問大家有沒有看過這隻棕色小犬，皆沒有音訊。其他飼主跟我們說，這種情況通常都是惡意遺棄，原飼主從很遠的地方將牠載過來，丟在路邊就走了。這麼用心機設計的離別，聽得我一身冷汗。對人來說，離別尚且是一種生活狀態的選擇；對於寵物來說，極可能是生與死的差別。

找不到主人的牠，順理成章在我家住了下來。已經十年沒有養狗的我早已成為養狗苦手，笨拙地與牠相處，抱持著一種先維持牠生命就好的心情。然而，日子過著過著，大家就習慣了牠的存在。從一開始總是躲在櫃子裡的怯生生，到後來，當我們坐下來的時候牠會默默地靠近，躺在我腳邊，把牠的小手小腳疊放在我的腳上。

該說是好景不常嗎？回想起來，又或許牠從未擁有過好光景。有一天帶牠去公園，走沒幾步牠就坐下來不肯走，到了半夜躺著動也不動，連最喜歡的零食也不願吃。我慌了，半夜帶著牠四處找動物急診。這一看才發現牠早已心絲蟲（號稱貓狗界的絕症）末期，心臟血管裡擠滿了密密麻麻的心絲蟲，從超音波的圖上看起來，像水管被倒進很多泡麵堵住。

醫生說前飼主應該從來沒有試圖幫牠醫治過，不然不會惡化到現在這步田地；醫生要我們做好心理準備，牠可能隨時會猝死；醫生說牠已經八

歲了，這讓我不禁想到，過去八年牠日夜陪伴原主人，然而有一天就再也找不到路回家了。

接下來的日子，大部分時間，牠精神都很好，偶爾還是會突然昏厥。每次牠昏去我就忍不住淚流滿面，即使牠每次都再醒過來——這樣反覆地練習，我仍無法做好心理準備。

有一次，鄰居剛好邀了擔任寵物溝通師的朋友來，揪我一起去體驗看看。我請寵物溝通師問牠說，記得牠以前的生活嗎？以前的主人呢？在街頭流浪的日子到底有多久？溝通師轉述，牠以前住的家養了不只牠一隻博美小犬，所以牠有同類朋友；而關於流浪的日子，牠說牠不記得了，牠覺得自己是跟「主人走失的」，不是「被主人遺棄的」。

寵物溝通師的真實度，有人信，有人不信，但這個答案對我來說是欣慰的，至少在牠心裡沒有悲慘的過去。對牠來說，這一切都是意外。經過這個波折，牠對現在的生活很滿足。

我幫牠取了一個名字叫有春，台語「有剩」的意思，希望牠能多擁有一些快樂的日子。我明確地知道牠有一天不會再站起來了，我也知道當那一天來臨，我會非常非常地難過。

從沒想過，在我早就變成大人的這麼多年裡，卻是一隻主動出現在我家門口的小小狗，真實地教會我面對人生的無常，且帶著我把每天的風景都活成了春天。

沒有遺憾的閃亮回憶

浪浪犬有春自從被醫生宣佈來日無多之後，我一直在思考，在牠這個倒數計時的狗生裡，該過一個怎樣的生活呢？

其實，哪一個人的人生不是在倒數計時呢？又有哪一個人能確定自己還剩下多少的時間呢？只是人跟貓狗不同，人對生活握有主控權，但是主人的生活狀態及安排，則會全權主宰貓生狗生的狀態。

如果是我，我希望仍然享有一些快樂，而不是為了延長這個剩餘時間而嚴守清規；如果是我，我希望保有離世的尊嚴，減少接近離別的痛苦；我想了很多很多的「如果是我」，我發現自己很注重快樂，迴避痛苦，這是人之常情，但究竟什麼是快樂，什麼又是痛苦？

在生命不知大限將至的時候，選擇似乎是容易的，但在生命的前提上加個有限，苦與樂都無法輕鬆選邊站。

我們一度帶著有春積極地展開治療，每週都舟車勞頓地去距離稍遠的地方看名醫。然而，醫生說的沒錯，有春確已病入膏肓，溫和的藥對牠來說沒有療效，只要藥稍微強勁一點，有春就嘔吐，換了藥也不見改善。

這個選擇很難，是一個賭注。有春不會說話，如果牠能開口，我肯定會把這個選擇權還給牠。

幾番折騰後，我最終選擇了放棄積極治療，每逢藥效發作的折磨，實在太揪心。周遭有些朋友虧我實在太不適合養狗，如果改天我家人生病怎麼辦？這個問題是無意義的，悲傷不因為牠是一隻狗或是一個人而有等差，我的悲傷是因為美好相遇緣分的消逝。生命中給過我愛跟守護的那些，都值得我的天崩地裂，哪怕牠是一隻不會開口說話的狗。

確定方向後，開始調整牠的生活。醫生說有春不宜劇烈運動，所以我把時間切得零散，一天帶牠出去散步四五次，每次時間都很短。牠想要嗅聞，就讓牠盡情地聞個夠，每次都帶牠去磨蹭牠最愛的那道石牆壁，去踏踏牠喜歡的斜坡草地，讓牠磨爪子踏草地。還在治療的時候，我嚴格約束飲食，只給低鹽的乾狗糧，現在會挑選一些口味清淡的寵物零食，給牠當成點心，正餐間歇性加入清燙的肉片。

看著有春快樂地享受當下，每個吞嚥後的滿足、草地上的抓地伸展，這些小小的、微不足道但滿足的片刻，串起了幸福的時光，這是有春教我的道理。把心安放在生命當下扎實的甜蜜，珍惜每個能夠見面的時光，摸摸牠蓬鬆的毛，跟牠抱在一起，讓牠在懷裡亂竄。

生命其實就是由這些點點的光，鋪成一大片閃亮的回憶，以後回頭看，即使會淚光閃閃，也沒有遺憾。如此面對未知的無常，好像也不那麼惶惶然了。

月光寶盒

去年有某段時間，我變得難以入眠。以往沾枕即睡的我，首次遇到這種難題，十二點上床，得躺到半夜三四點才能勉強睡著。這樣的日子連續過了三天，到了第四天疲倦值累積到爆表，一點小事就都會讓我抓狂，晚上十點就會昏睡，然後再開始下一個睡不著的三天輪迴。

身體健康沒問題，我猜是工作壓力，或者更有可能是——搬家的壓力。這個理由說出來很好笑，但我跟之前在搬家的好友聊過，遷徙跟裝潢這些雜事，真的會把人逼出恐慌症或焦慮症來，整理、打掃、滿室的灰塵、新屋的細節多如麻。說到這兒，我真的很佩服孟母，那種一搬再搬的毅力不簡單啊。

每三天就昏睡一次的睡眠品質非常差，睡了很難醒，而且很多夢，整個睡著的過程非常黏膩，不是一夜酣覺以後清爽的感覺。我聽說有些創業家會試圖讓自己做「清明夢」，人是睡著的，但可以清醒知覺自己做了什麼夢，這些夢往往會給創業者很多靈感。我的夢大概就像清明夢，但我覺得十分難熬，我寧願一夜好覺，白天生龍活虎。這件事情到了前幾週有個轉機。

在打包的過程當中，我整理了書房中的一個小紙箱，一直被我用來收集朋友們給我的親筆卡片，收到的當下看完可能隨手一放，日子久了就是滿滿一小箱。

整理的過程中，順手打開幾封來看，有的是越洋寫來的好友，滿紙交代著自己的生活跟滿滿的思念，有的是吵架的朋友寫來爭辯順便希望能和好。我跟自己玩起一個遊戲，看著信封上的字跡，能不能猜出來信的人是誰，竟然十之八九能中。在我成長的時代，大部分時間還沒有即時通訊系統，所有的想法是這樣綿長跟慎重地呈現與保存。

我捧著那個小紙箱像捧著一個月光寶盒，深深地感受到朋友的愛護。那對當下時時刻刻在生活中感覺到焦慮而無助的我，是如此重要的力量。人都是依賴著別人的善意在生活的，即使覺得自己絕對的遺世獨立，在人生的路程上，還是涓滴地累積了別人感情，而成了今日之我，學會了如何笑，學會了如何愛。

搬家就是一個斷捨離的過程，能夠放下的越多，就可以離開得越輕盈。然而，我想斷捨離所要追求的，並不是一個全無，而是幫助自己釐清哪些是重要卻又被遺忘的，像是那些聽起來很俗氣、卻真切的朋友的愛跟牽絆。我不會說那個箱子讓我當晚就神奇地完全康復了，但它確實讓我重新檢視了生活與我、以及我跟別人的關係。

再怎麼緊繃的時刻，也用善意去解讀別人；再怎麼困難的時候，也多對別人好一點；就像朋友曾為我在卡片上一筆一畫刻下的那些，深深的牽掛跟呵護。

義無反顧的自己

一九九〇年代跟二〇〇〇年的分野在哪裡？

張惠妹在一九九七年以一首〈Bad Boy〉橫掃華語流行樂壇，是當時整個靡靡樂風的轉捩點，也是我愛情的終點。

周杰倫在二〇〇〇年出道，一出道就以口齒不清跟創新樂風橫掃樂壇，打造了一個「非刻板明星」的經典。他的出現，彷彿告訴大家二〇〇〇年以後，很多事會改變。

這兩件事在我心中，是真正九零年代轉換的指標，從此之後，華語樂壇就不一樣了，人際關係不一樣了，戀愛的模式也不一樣了，傳統的流行音樂再見，有距離感的愛情再見，從耳朵到腦袋，都不一樣了。

九零年代的戀愛

沒有智慧型手機的時代，大家是怎麼談戀愛的呢？我九零年代的那位男孩，長期在日本讀書工作。沒有ＬＩＮＥ的時代，遠距是真實又遙遠的距離，想要分享什麼都不是即時，要見面更不可得。當時流行的是ＭＳＮ，每個晚上期待著代表他的那個小綠人上線，等待他丟一個笑臉過來。那時候的我連筆記型電腦都沒有，每晚坐在桌機前面，跟ＭＳＮ小綠人日復一日的談戀愛。

中間有一年，他因為受傷去美國開刀復健，放心不下的我也跟著追過去。窮學生當時身上沒什麼錢，我借住在朋友家，跟朋友借了一台沒有在開的老爺車，在北加州南加州四處奔波。每天等著他看完醫生做完復健，再開著老爺車穿過整個黑夜回到住處。沒有智慧型手機的年代，找路跟聯絡都好困難，人生地不熟的我，到底是怎麼每夜準確地去看了他平安回

來，現在想想實在不可思議。

白天是他的復健時間，我都是黃昏出發去探視、清晨回來。起初幾次瘋狂地迷路，彼時雖然已經有外掛型的GPS，但準確度實在爛得令人吃驚。有一次把我導向一個治安不太好的區域，天已經黑了，開車的我耳邊聽到槍聲，連續幾響在我耳邊劃破了天際，聲音聽起來好近。槍聲沒有令我心慌，我只想著跟他約定的時間遲了，這點比較令我心慌。愛情啊，可以令人如此鎮定，令人如此盲目。

某一次開在高速公路上，不堪負荷的老爺車突然引擎蓋冒大火，不誇張，就像電影裡面演的那樣，火勢大到坐在駕駛座的我看不到前方，那一刻我的腦海閃過人生跑馬燈，有點後悔沒有好好跟爸媽交代清楚就遠行了。一邊念著南無觀世音菩薩，一邊用僅存的渺小的理智滑行到路肩，從我身旁開過去的一車墨西哥人，看著無助的我及我的大火，搖下車窗，像啦啦隊一樣對我大喊：「Add water! Add water!」

打開後車廂一看，果然有幾加侖的水在後車廂裡，看來老爺車故障冒火是常態，趕緊提了水滅火，緩緩滑下交流道，又幸運地遇到一間台灣人開的修車廠，看我一副窮酸樣再配個爛車，用超便宜的價錢幫我換了一堆零件。接下來的日子，我依舊駕著老爺車東奔西跑陪伴著他。

年輕的我，唯一能慷慨浪擲的就是時間跟感情，然而，那也是感情中最純粹的部分。

高速公路驚魂記嚇得我當晚睡不著，但直到隔天見面，才有機會跟他分享。隔了一天，害怕早就淡了，我一心只想要看到他，火燒車對當時的我來說真的不算什麼。現在想想，我的愛情跟死亡只有一線之隔，年輕就是這樣啊，就算是危險也有青春的味道。

年輕，即便危險也有青春的味道

日本作家江國香織在一九九九年出版的作品《神之船》，至今仍被我視為詮釋九零年代愛情的神作：「我很想哭。千頭萬緒湧上心頭，讓我不知所措。我一直都是一個人，雖然我不曾認為我自己不幸，但生命卻非常無聊。雖然無聊，但是卻不知道該怎麼辦，不知道自己為什麼要活下

去——直到遇見了他。」

二十世紀末的少年少女，就像江國香織筆下如此厭世也如此執著，我們是台灣富裕世代的尾巴，「雖然沒有不幸，但非常無聊」的生命，像王菲在一九九六年發行的歌曲〈浮躁〉唱著：「九月裡平淡無聊，一切都好，只欠煩惱。」身處在一個世代與另外一個世代的交界點，明確地感受到即將跨越一個大的鴻溝卻說不上為什麼，攀著最後一點確切的感情往上爬，緊緊抓著對方像是俗世中最後的一根浮木。當時的我們看不到未來，或許也不需要。

經過漫長的復健，他從美國回去日本，我回來台灣，繼續未竟的學業。接下來的半年到一年間，我呈現比以往更行屍走肉的狀態。離開了那段朝夕相處的生活，再度重重跌落在遠距離戀愛的現實生活之中。

我們從MSN改用了SKYPE，SKYPE比MSN晚了八年出現，通話跟影像效果都大為改善，遺憾的是，科技的進步縮短了人跟人之間的距離，卻不必然增進人跟人之間的感情。SKYPE另一頭的他，臉色越來越蒼白，我們能聊的話越來越少；曾經很熟悉，曾經很陌生，最終還是成了最熟悉的陌生人。

這就是我九零年代刻骨銘心的一段。站在時代的浪口上，當時的社會有一種誰都說不清楚的迷亂感。往後的歲月裡，我還是時不時想起他，非常深刻地想著，直至今日都是。但我也瞭解，對於長大之後的我，我想念的並不是當時我的那位情人，而是世紀末那個既頹廢又不計較未來的態度，以及義無反顧的自己。

後記

完美很無聊

「這說不定是我第一本、也是最後一本書呢。」寫這篇後記的時候，我第一個浮現的念頭是這個。

寫完這本，我不太確定會不會有第二本，雖然我經營著一家雜誌社，又寫了一些專欄，但寫這本書讓我認清自己寫作的專長都集中在寫真實事件、生命裡的事情、生活的日常，沒辦法寫空想的奇幻世界，我只能寫我真實的人生。

關於我的人生，已經濃縮在這本書裡面，每個角色都是來自我身邊活生生存在的朋友，每篇都像初榨鮮果汁，已經榨不出第二本了，這本書買到算你賺到。

所以我決定把這篇後記，當成像是我得金馬獎最佳女主角獎一樣，來篇隆重的感言。這也不過分吧，畢竟我們每個人都是生命裡的最佳女主角，我確實是用盡百分之一百二十的力氣在詮釋「劉冠吟」的。

第一個要感謝的是我父親劉崑玉先生（江湖人稱老劉或是罵罵號的阿公）及我母親林玉霞女士（江湖人稱霞姊），原因是什麼，你們要看了書才知道。本書中父母出現的頻率很高，藉由這兩位，我也在書中好好地探討了原生家庭與自我的關係、父女關係（〈女兒與公主病的距離〉）、母女關係等。感謝我姊姊劉映晨，我姊姊常常在幫我收拾爛攤子，最近又剛收一個爛攤子，每個瘋狂的孩子應該都配備一個性情穩定的手足（姊姊看了這段話不知心裡作何感想）。

再來要感謝張曼娟老師。曼娟老師在我寫作的路上給予我全心的支持，每次我很疑惑對她發問，她都無條件給我大量的鼓勵跟愛，然後跟我說：「寫就對了，大家一定很喜歡你啦！」都是因為曼娟老師一直用很溫柔的聲音如此催眠我，所以我才覺得我可以寫出一本好看的書。希望老師看完全書以後，沒有在心裡偷罵：「冠吟在寫什麼東西啦。」女神風範如她，就算罵我應該也是用很溫柔的聲音。

我到《小日子》以後，有兩個很重要的貴人，一個是編輯教父黃威融，一個是我的學長兼合作夥伴。

剛來《小日子》的時候，有一陣子還抓不到風格跟編版重點，把版面做得亂七八糟，威融絲毫沒有責怪，主動提出要帶領我們小團隊，連續到辦公室開了將近十堂課。編輯教父下凡來指點我們耶，把編輯學橫切縱切，所有精華全部傳授，拯救我們小團隊於顛沛流離之際，這件事情我一直放在心裡。

我的學長跟合作夥伴，在本書最長的一篇〈直到我失去了什麼〉，以關鍵角色登場過一次。因為他很愛耍低調我就不寫出他名字了。他是我人生的貴人。我的人生如果沒有貴人，大概就是一個沒有故事的小女子，你們也不會想看我的書了。這裡要謝謝智銘（結果還是把他名字寫出來）。

感謝我的總店長跟好朋友牛牛，牛牛的好，看過的人都知道，於公於私，她都是重要的人。感謝我的先生威哥跟我小孩罵罵號，有你們做我的人生夥伴，才成就了今日的我。

最後，我要感謝本書的編輯雅惠。老實說，找我出書的出版社不少（撥髮～），要不是雅惠很有毅力，我覺得我應該寫不完，寫書真的很累，我的膠原蛋白都要被榨光了。再老實說，其實整本書從企劃到完稿，前前後後拖了大概快一年，我中間一度想要逃走，想說已讀不回加封鎖應該就可以了吧，但雅惠一直都對我很執著，害我不敢逃走。

編輯跟作者的關係很微妙，編輯要對作者有足夠的愛，書才會好看，我覺得雅惠對我非常有愛，謝謝雅惠一手促成了這本書的出現。

（好了，最佳女主角感言到此結束。）

坦然面對生命中的不完美

法國作者提利．勒南（Thierry Lenain）的繪本作品《走進生命花園》（*Fandra*）裡，用孩子的眼睛看到了戰爭、饑荒、憂傷、權力爭奪等，孩子思索著，他要怎麼面對這樣的世界，裡面有一頁寫著：

「孩子看到了眼淚。

他想，應該學習擁抱，學習不要害怕親吻。

應該學習說：『我愛你』，
即使沒有人對你說這三個字。」

在這本書裡，我記錄了自己在工作上的努力與掙扎，流產及復原的過程，與自己身體的對話，與婚姻的對話，為人女兒及為人母的心情，有些很好笑，有些很荒謬，當然也有極度快樂或極端痛苦的時候。

一個女子的人生就是如此，我們有人際關係的戰爭，社會各種評價與自我評價的戰爭，感情的饑荒，各種憂傷，工作位置的權力爭奪，生命主控權的爭奪，充滿了大大小小的破洞與創傷，但也一定穿插著美好跟甜蜜的地方。

女人，容易嗎？

在我媽媽的時代就不容易，到了我這代其實也沒有比較輕鬆，我的個性選擇主動，我選擇戰鬥，但我更想說，應該學習跟自己說「我愛你」，即使在沒有人願意對你說這三個字的時候。在任何掉進看不見光的洞裡的時候，都能坦然地接受，坦然地面對生命的不完美，坦然地接受失敗，坦然地無聊。

生活順利的時候，就勇敢面對迎上來的任何機會；生命艱辛的時候，就把照顧自己跟愛自己當成目標。即使看起來微小，也是生命中一種重要的練習。

因為是真實生活的濃縮，所以這本書沒有教忠教孝的教導意味，有些篇章讀者看了可能會覺得難以想像，或是不以為然。那也無所謂，世界這麼大，每個人有不同的生活跟生存方式，我找到我的，也希望你找到你的，只要自在，怎麼樣都好。

完美很無聊，不完美，比較美

流產後的一段日子，我因故把鼻子給摔斷了，還撞到眼睛，這「精彩」的過程，書中有詳細的描述。

我一度以為我的鼻子跟眼睛無法復原，所以沮喪了好一陣子，後來在抽屜裡看到某一年我在西雅圖同志大遊行拿回來的貼紙，上面寫著：Perfection is boring.（直譯：完美很無聊）

就算不能恢復原狀了，也沒什麼好遺憾的，人生是由一段一段嘗試跟犯錯所連接起來的過程，難免會有些傷疤。除非你打算永遠停在原地，否則不可能毫髮無傷。任何發生在生命中的事情，都是有意義的，當時的你或許不明白，但日後的你一定能夠曉得。所謂的完美，其實只是你心中想像的一個樣貌，根本不需要追求，也不會存在，你就是你的生命所累積的樣子，怎麼樣都好。

每個人的身體都美麗。

不要花時間去追求旁人眼中的自己，也不要花時間去雕琢世俗規格下的評價，真正該在意的，是你心中對自己的評價。你喜歡自己嗎？全然接受自己嗎？完美很無聊，不完美，其實比較美。

這本書獻給所有一起努力走在自己心之嚮往的路上的女子。

國家圖書館出版品預行編目資料

女子力不是溫柔，是戰鬥：再簡單的小日子，也要挺身前進！／劉冠吟著.
-- 初版. -- 台北市：日月文化，2020.05
256面；14.7×21公分. --（大好時光；32）
ISBN 978-986-248-879-9(平裝)

1.自我實現 2.女性

177.2　　109004194

大好時光 32

女子力不是溫柔，是戰鬥

再簡單的小日子，也要挺身前進！

作　　者：劉冠吟
主　　編：楊雅惠
校　　對：楊雅惠、劉冠吟
封面設計：張巖
插圖繪製：陳羿如
美術設計：林佩樺

發 行 人：洪祺祥
副總經理：洪偉傑
副總編輯：謝美玲
法律顧問：建大法律事務所
財務顧問：高威會計師事務所
出　　版：日月文化出版股份有限公司
製　　作：大好書屋
地　　址：台北市信義路三段151號8樓
電　　話：(02)2708-5509　傳真：(02)2708-6157
客服信箱：service@heliopolis.com.tw
網　　址：www.heliopolis.com.tw
郵撥帳號：19716071 日月文化出版股份有限公司

總 經 銷：聯合發行股份有限公司
電　　話：（02）2917-8022　傳真：（02）2915-7212
印　　刷：禾耕彩色印刷事業股份有限公司
初　　版：2020年05月
定　　價：320元
I S B N：978-986-248-879-9

日月文化集團
HELIOPOLIS
CULTURE GROUP

客服專線 02-2708-5509
客服傳真 02-2708-6157
客服信箱 service@heliopolis.com.tw

廣告回函
台灣北區郵政管理局登記證
北台字第 000370 號
免貼郵票

日月文化集團 讀者服務部 收

10658 台北市信義路三段151號8樓

對折黏貼後，即可直接郵寄

日月文化網址：**www.heliopolis.com.tw**

最新消息、活動，請參考 FB 粉絲團

大量訂購，另有折扣優惠，請洽客服中心（詳見本頁上方所示連絡方式）。

大好書屋　寶鼎出版　山岳文化

EZ TALK　EZ Japan　EZ Korea

大好書屋・寶鼎出版・山岳文化・洪圖出版 EZ叢書館 EZKorea EZTALK EZJapan

感謝您購買 **女子力不是溫柔，是戰鬥：**再簡單的小日子，也要挺身前進！

為提供完整服務與快速資訊，請詳細填寫以下資料，傳真至02-2708-6157或免貼郵票寄回，我們將不定期提供您最新資訊及最新優惠。

1. 姓名：＿＿＿＿＿＿＿＿ 性別：□男 □女
2. 生日：＿＿＿年＿＿＿月＿＿＿日 職業：
3. 電話：（請務必填寫一種聯絡方式）
   （日）＿＿＿＿＿＿（夜）＿＿＿＿＿＿（手機）＿＿＿＿＿＿
4. 地址：□□□＿＿＿＿＿＿＿＿
5. 電子信箱：＿＿＿＿＿＿＿＿
6. 您從何處購買此書？□＿＿＿＿＿縣/市＿＿＿＿＿書店/量販超商
   □＿＿＿＿＿網路書店 □書展 □郵購 □其他
7. 您何時購買此書？ 年 月 日
8. 您購買此書的原因：（可複選）
   □對書的主題有興趣 □作者 □出版社 □工作所需 □生活所需
   □資訊豐富 □價格合理（若不合理，您覺得合理價格應為＿＿＿＿＿）
   □封面/版面編排 □其他＿＿＿＿＿＿＿＿
9. 您從何處得知這本書的消息： □書店 □網路 □雜誌 □廣播 □其他
10. 您對本書的評價：（1.非常滿意 2.滿意 3.普通 4.不滿意 5.非常不滿意）
    書名＿＿＿ 內容＿＿＿ 封面設計＿＿＿ 版面編排＿＿＿
11. 您通常以何種方式購書？□書店 □網路 □傳真訂購 □郵政劃撥 □其他
12. 您希望我們未來出版何種主題的書？＿＿＿＿＿＿＿＿
13. 您認為本書還須改進的地方？提供我們的建議？

＿＿＿＿＿＿＿＿＿＿＿＿＿＿＿＿

＿＿＿＿＿＿＿＿＿＿＿＿＿＿＿＿

即日起至7月31日止（郵戳為憑）寄回函即可參加「茶籽堂水芙蓉嫩白護手霜」抽獎，得獎名單於8月3日大好書屋粉絲團公布，無法取得聯繫者視同放棄。活動辦法由大好書屋保留修改權利，獎品僅郵寄至臺、澎、金、馬，不含海外地區。

生命，因閱讀而大好